Hans Hasler

Das GOETHEANUM

Eine Führung durch den Bau, seine Umgebung und seine Geschichte

Verlag am Goetheanum

Gestaltung: Gabriela de Carvalho · Satz: Heiko Hanekop · Druck und Bindung: GREISERDRUCK Rastatt

ISBN 3-7235-1258-5

Inhalt

Vorwort

Mit der vorliegenden Publikation möchte ich den Leser in ähnlicher Weise durch den Goetheanum-Bau, seine Umgebung und seine Geschichte mitnehmen, wie ich es mit einem interessierten Besucher in einer ausgiebigen Führung machen würde. So ergibt sich ein erster Eindruck, der in weiteren Begegnungen, in der Teilnahme an Veranstaltungen am Goetheanum oder im Studium der reichhaltigen Literatur vertieft werden kann.

Die Begegnung mit dem Goetheanum ist so individuell wie jeder seiner Besucher. Ich selbst habe es im Alter von 15 Jahren bei einer Wanderung über den Blauen zum ersten Mal durch den Feldstecher erblickt; das führte zum Wunsch, diesen Ort kennenzulernen. Mancher hat vom Goetheanum gehört, Bilder gesehen oder an einer Führung durch den Bau teilgenommen. Wieder andere sind seit langem mit Anthroposophie vertraut und haben endlich Gelegenheit, den Ort zu sehen, wo entscheidende Ereignisse in der Geschichte der Anthroposophie stattgefunden haben. Davon unabhängig soll so etwas wie eine erste Information für jedermann gegeben werden.

Die Texte greifen zum Teil in freier Weise bereits Erarbeitetes aus früheren Publikationen zu diesem Thema auf, im Literaturverzeichnis sind Angaben dazu.

Herzlich danke ich Freunden, die den Text vor der Publikation einer kritischen Korrektur unterzogen haben, sowie der Anthroposophischen Gesellschaft in der Schweiz, die mit einem Beitrag Drucklegung und Übersetzung ins Englische und Französische ermöglicht hat.

Hans Hasler

Das Goetheanum, Freie Hochschule für Geisteswissenschaft

Ein Überblick

Für die Anthroposophie ein eigenes Haus zu bauen – das war der Ausgangspunkt des Goetheanums. Seit 1907 wurden an den jährlichen Kongressen der Theosophischen Gesellschaft in gemieteten Theatern in München – dazu mehr im Kapitel über die Geschichte – Mysterienspiele von Edouard Schuré und die Mysteriendramen von Rudolf Steiner aufgeführt. Dafür sollte ein eigener Bau errichtet werden, der auch in den äusseren Formen das ausdrückt, was im Bau lebt. Nicht in Begriffen und Ideen, wie dies in Büchern und Vorträgen möglich ist, sondern als lebendige Anschauung in künstlerischen Formen, also in Architektur, Malerei und Bildhauerkunst, sollte ein sichtbarer Ausdruck der Anthroposophie entstehen.

Das Goetheanum heute hat viele Aufgaben: Zunächst ist es Haus des Schauspiels und der Eurythmie. Der Grosse Saal für 1000 Zuschauer mit einer entsprechend grossen Bühne und mehrere kleinere Säle dienen als Proben- und Aufführungsort für die beiden Goetheanum-Ensembles. Regelmässige Eurythmie-Aufführungen, eigene Theaterproduktionen, aber auch Gastspiele und Konzerte sind auf dem Spielplan. Besonders zu erwähnen sind die grossen Aufführungen der Mysteriendramen von Rudolf Steiner und Goethes «Faust», der 1938 hier zum ersten Mal in der Theatergeschichte in einer ungekürzten Gesamtaufführung zur Darstellung kam. Seither wird er immer wieder im Wechsel mit den Mysteriendramen von Rudolf Steiner jeweils im Abstand von mehreren Jahren aufgeführt.

Im Weiteren ist das Goetheanum Sitz der weltweit tätigen Anthroposophischen Gesellschaft, die lokal in Gruppen, sogenannten Zweigen, und regional in Landesgesellschaften gegliedert ist und international hier in Dornach als Allgemeine Anthroposophische Gesellschaft ihren Mittelpunkt hat.

Kern dieser Gesellschaft ist die Freie Hochschule für Geisteswissenschaft, die ebenfalls am Goetheanum ihr Zentrum hat. Ihre Aufgabe ist Forschung auf geistigem Gebiet, was Anregung zu einer Erweiterung und Ergänzung der Arbeit in den praktischen Fachgebieten des Lebens werden kann. Die Hochschule ist in elf verschiedene Sektionen gegliedert:

Allgemeine Anthroposophische Sektion
Mathematisch-astronomische Sektion
Medizinische Sektion
Naturwissenschaftliche Sektion
Sektion für Landwirtschaft
Pädagogische Sektion
Sektion für Bildende Künste
Sektion für das Geistesstreben der Jugend,
kurz: Jugendsektion
Sektion für Redende und Musizierende Künste
Sektion für Schöne Wissenschaften
Sektion für Sozialwissenschaften

Der Schwerpunkt der Sektionsarbeit liegt in Forschung, Erfahrungsaustausch, Publikationen und der Verbindung zu den praktischen Anwendungen in der Arbeit in den vielen Einrichtungen für anthroposophisch orientierte Medizin, Pädagogik, Landwirtschaft, Banken usw. in aller Welt. Mit Ausnahme eines Grundstudiums der Anthroposophie auf Deutsch und auf Englisch, eines Kunststudienjahres und der Ausbildung in Sprachgestaltung und Schauspiel werden berufliche Grundausbildungen nicht am Goetheanum selber angeboten, sondern in aller Welt, unter anderem auch im unmittelbaren Umkreis des Goetheanums (Höhere Fachschule für anthroposophische Pädagogik, Rudolf Steiner Seminar für Heilpädagogik, Eurythmieschulen, Bildhauerschule, Malschulen und andere). Zur Sektionsarbeit gehört neben der Forschung die Begegnung der Menschen, die in den verschiedenen Arbeitsgebieten tätig sind und den Erfahrungsaustausch suchen. So liegt bei den Sektionen die Organisation und Durchführung von zur Zeit rund 160 Kursen und Tagungen pro Jahr, von kleinen Tagungen – um nur einige Beispiele zu nennen – über Fragen der Bienenzüchter oder spezielle Probleme in der Tumor-Forschung, über Fragen des Umgangs mit bestimmten Qualitäten des Geldes mit Bankfachleuten oder eine historische Betrachtung der

Scholastik, bis zu grossen, mehrsprachig durchgeführten Fachkongressen für Lehrer an Rudolf Steiner- und Waldorfschulen, für Ärzte, Architekten oder Landwirte, Heilpädagogen oder Eurythmisten.

Das alles erfordert einen Betrieb, der Räume und Infrastruktur zur Verfügung stellt, der die Informationen und Publikationen sicherstellt – Dokumentation, Buchhandlung, Wochenzeitschrift «Das Goetheanum» und Verlag am Goetheanum –, der die Verpflegung organisiert und Unterkünfte vermittelt. Je nachdem, welche und wie viele Veranstaltungen auf der Bühne und in den Sektionen gerade durchgeführt werden, schwankt die Mitarbeiterzahl des Goetheanums zwischen 200 und 270 Menschen.

Wie wird das alles finanziert? Das Jahresbudget der Allgemeinen Anthroposophischen Gesellschaft liegt zur Zeit bei rund 20–22 Millionen Schweizer Franken pro Jahr. Rund die Hälfte wird aus Betriebseinnahmen gedeckt – Eintritte, Publikationen, Führungen usw. –, ein knappes Viertel aus den Beiträgen der Mitglieder aus aller Welt und ein letztes Viertel aus Spenden und Legaten. Ausserordentliche bauliche Sanierungen und neue Bauprojekte werden zusätzlich und ausschliesslich über Spenden und Legate finanziert.

In mehr oder weniger enger Beziehung zum Goetheanum haben sich im Umkreis in Dornach und Arlesheim viele weitere anthroposophische Einrichtungen entwickelt – Schulen, Heime, die bereits erwähnten Berufsausbildungen, Handels- und Produktionsfirmen sowie Handwerksbetriebe. Die Heilmittelfirma Weleda AG sowie die Ita Wegman-Klinik und die Lukas-Klinik in Arlesheim sind die bekanntesten. Dazu kommen die Rudolf Steiner Nachlassverwaltung mit dem Rudolf Steiner Verlag, die Albert Steffen-Stiftung sowie weitere Stiftungen. Die Verbindungen untereinander beruhen dabei auf der gemeinsamen Grundlage der Anthroposophie; die Einrichtungen sind jedoch – mit wenigen Ausnahmen – juristisch unabhängig voneinander.

Der Bau

Das Goetheanum wurde in den Jahren 1925–1928 nach einem Modell von Rudolf Steiner, dem Begründer der Anthroposophie, gebaut – eine für die damalige Zeit in mancher Hinsicht ausserordentliche Pionierleistung. Es ist in dieser Grösse einer der ersten Bauten des 20. Jahrhunderts in Beton, der in freien plastischen Formen gestaltet ist, die über das rein Zweckmässige hinausgehen. Im Abschnitt zur Geschichte des Ersten Goetheanums wird darauf hingewiesen, wie die Stilelemente des Baues in einem historischen Zusammenhang der Architekturentwicklung stehen – und doch ist mit dem Goetheanum der Anfang einer eigenständigen Richtung innerhalb der organischen Architektur gemacht worden, der sich durch das ganze 20. Jahrhundert in der anthroposophisch orientierten organischen Baukunst weiterentwickelt hat. Sichtbares Zeichen davon sind unter anderem rund hundert Bauten im näheren Umkreis des Goetheanums in Dornach und Arlesheim, aber auch Bauten in aller Welt.

Nicht nur in Bezug auf die Architektur war das Goetheanum in den 20er Jahren etwas Besonderes – auch als Ingenieur- und Baumeisterarbeit war es eine Pionierleistung sondergleichen. Der Ingenieur des Bauwerkes, Ole Falk Ebbell, ein Norweger, der in Basel sein Ingenieurbüro hatte und einer der ersten grossen Spezialisten für Betonbauten war, gestand offen, immer wieder an der Möglichkeit der Realisierung gezweifelt zu haben, und er glaubte an die Grenzen seiner Leistungsfähigkeit zu kommen – und schaffte es doch. Damals steckte der Eisenbeton noch in den Anfängen – mit dem Goetheanum wurde sichtbar, welche Möglichkeiten in der Anwendung von Beton liegen.

Wieso wollte Rudolf Steiner in Beton bauen? Wieso nicht wie das Erste Goetheanum in Holz, diesem viel lebendigeren Material?
Abgesehen davon, dass es um eine Frage der Brandsicherheit ging – das erste, in Holz erbaute Goetheanum war ja ein Raub der Flammen geworden –, faszinierte Rudolf Steiner der Eisenbeton wegen der Möglichkeit der freien Formgebung. Die Zugkräfte des Eisens und die Druckkräfte des Gesteins bilden eine polare Kombination, die es erlaubt, den Beton in jede noch so kühne Form zu giessen. Damit wird es zum Material einer noch nie dagewesenen künstlerischen Freiheit des Ausdrucks in der Architektur. Die heute vielfach geäusserte Abneigung gegen den Beton hängt letztlich weniger mit dem Material selber zusammen als mit der trostlosen Art, wie er häufig im Laufe des 20. Jahrhunderts angewendet worden ist.

Der Bau war auch insofern eine unglaubliche Leistung, als es einer relativ kleinen Schar von Anthroposophen gelang, ein so gewaltiges Bauwerk zu errichten – noch rechtzeitig vor der grossen Wirtschaftskrise, den die Welt erschütternden Ereignissen des Nationalsozialismus und dem Zweiten Weltkrieg; dies alles hätte den Bau zu einem späteren Zeitpunkt wohl nicht mehr entstehen lassen.

Aber: Als Ende September 1928 rund 2000 Menschen aus aller Welt zur Einweihung des Goetheanums kamen – sämtliche Aufführungen, Konzerte, Ansprachen und Vorträge wurden je zweimal durchgeführt –, war der Bau nicht viel mehr als ein provisorisch brauchbar gemachter Rohbau. Es gab zwar Fenster, Türen, provisorische Böden, Heizung, Stühle im Grossen Saal und einiges an Theatertechnik – im übrigen war aber alles in rohem Zustand. Was heute als Innenausbau sichtbar ist, ist irgendwann zwischen 1928 und heute entstanden. Noch Anfang der 60er Jahre waren im mittleren Foyer betonverstaubte Bretter mit Nägeln aus der Bauzeit zwischen die rohen Betonsäulen gespannt – und das war die Garderobe. Der Ausbau des Südtreppenhauses mag als Beispiel der Geschichte dienen: 1930 wurde es bis zum Saalgeschoss, also bis zum zweiten Stock ausgebaut, 1951 bis zum fünften Stock, 1993 bis ganz oben zum siebten Stock. Und so könnte von jedem Raum und jeder Ecke gesagt werden, wann der Ausbau und vielleicht sogar, wann die seither bereits wieder notwendig gewordene Renovation stattgefunden hat. Ein einziger Teil ist bis heute Rohbau geblieben: das Nordost-Treppenhaus hinter der Bühne, das nur von Mitarbeitern benützt wird und noch jetzt auf den Ausbau wartet.

Wieso hat sich die Bautätigkeit auf eine so lange Zeit erstreckt? Wieso wurde das Goetheanum nicht in einem Zug fertig gebaut?
Es wurde immer nur so viel gebaut, als durch Spenden und Legate finanziert werden konnte – für das Goetheanum wurden nie Schulden gemacht.

Der Bau als Sprache der Anthroposophie

Um die Formen, Farben, Bilder und Strukturen des Baues in ihrer Besonderheit zu begreifen, sei auf folgendes hingewiesen: Philosophisch-weltanschauliche Inhalte werden durch Gedanken und Begriffe mit Hilfe der Sprache formuliert und sprechen den Menschen auf einer bestimmten Verständnisebene an. Wenn es dabei um Inhalte geht, die sich nicht in intellektuell erfassbaren Begriffen erschöpfen, können sie aber auch durch sichtbare Formen und künstlerische Gestaltungen einen Ausdruck finden, der genauso aussagekräftig ist wie die gedanklich formulierbaren Inhalte. So sind griechische Tempel, gotische Kathedralen, klassizistische Theater und Warenhausbauten sichtbarer Ausdruck einer bestimmten Religiosität, einer Lebenshaltung, einer Philosophie oder eben einer Weltanschauung.

Der Impuls, Anthroposophie nicht nur in der Form von Begriffen und Gedanken durch Bücher, Vorträge und Gespräche, sondern durch künstlerische Gestaltungen zum Ausdruck zu bringen, liegt den beiden Goetheanum-Bauten zugrunde. Der Besucher wird dadurch aufgerufen, die Formen und Farben, die er sieht, nicht als Symbol oder Zeichen für etwas zu nehmen, das wiederum übersetzt werden muss, sondern als unmittelbaren künstlerischen Ausdruck von Inhalten und Vorgängen, die auch in Gedanken formuliert werden können.

Was ist Anthroposophie?
Wörtlich übersetzt heisst es «Weisheit vom Menschen», moderner ausgedrückt: «Bewusstsein des Menschen von sich selbst». Und damit ist Anthroposophie das Ringen um einen zeitgemässen Zugang zu geistigen Dimensionen. Rudolf Steiner formuliert dies programmatisch in seinen Leitsätzen folgendermassen: «Anthroposophie ist ein Erkenntnisweg, der das Geistige im Menschenwesen zum Geistigen im Weltenall führen möchte.» Das ist nur möglich, wenn sich in der Seele des Menschen und in der Welt etwas entwickelt, verändert, umgestaltet und damit lebensfähig ist. Entwicklung wird so zu einem entscheidenden Vorgang, von dem abhängt, wie Mensch, Menschheit und Kosmos in die Zukunft gehen. Anthroposophie ringt daher um ein Verständnis der Entwicklung und stellt sich selber in eine Entwicklung hinein.

Die geschilderte Haltung findet in der anthroposophischen Architektur ihren Ausdruck in Metamorphosen, wie sie auch in vielfältiger Weise am Goetheanum-Bau erlebt werden können. Darunter versteht man die Verwandlung von einer Grundform in viele weitere Erscheinungsformen hinein, innerhalb der Architektur eines Gebäudes oder innerhalb eines ganzen Ensembles von Gebäuden. Gleichzeitig bedeutet dies, dass ein Gebäude durch diese Formverwandlungen in allen Teilen ein zusammenhängendes Ganzes bildet.

Rundgang um das Goetheanum herum

Zunächst fällt bei einem Rundgang um das Gebäude herum auf, wie unterschiedlich die Architektur im Osten von den Formen des Westteiles sind.

Im Osten, gegen den ansteigenden Hang Richtung Gempenfluh, ein strenger Kubus, eine hohe gerade Wand. Und wenn Rudolf Steiner während des Baugenehmigungsverfahrens nicht auf die Wünsche von Arlesheimer Nachbarn eingegangen wäre, etwas von dieser Strenge zu nehmen, so wären die Gebäudeecken ohne die Eckpilaster und das Dachgesims geblieben. Dagegen im Westen eine äusserst dynamische, wie in Kaskaden herabsteigende, freie Form, die sich, in die Umgebung nach Westen hin verfliessend, dem auf das Gebäude zukommenden Besucher öffnet.

Wie ein Kontrapunkt dazu im Osten viele, scheinbar zusammenhanglos symmetrisch angebrachte Fenster, die sich bei näherem Zusehen gleichsam als ein Okular entpuppen, durch das man durch das Gebäude hindurch die Westfassade sieht. Und in der Westfassade die streng rechteckige Eingangspartie, das fast quadratische grosse Portal auf der Terrasse und die ebenfalls strenge Form des oberen Westfensters – wie ein Blick durch das Gebäude hindurch auf die Ostfassade.

Im östlichen Teil des Goetheanums, dort wo die Bühne ist, wo der Redner für Vorträge auftritt, wo sich Künstler für ihre Aufführungen vorbereiten, da kommt alles darauf an, was im Inneren geschieht, in einem inneren geschützten Raum – Ausdruck dafür ist die strenge, fast abweisende Form gegen aussen hin. Im Westen aber

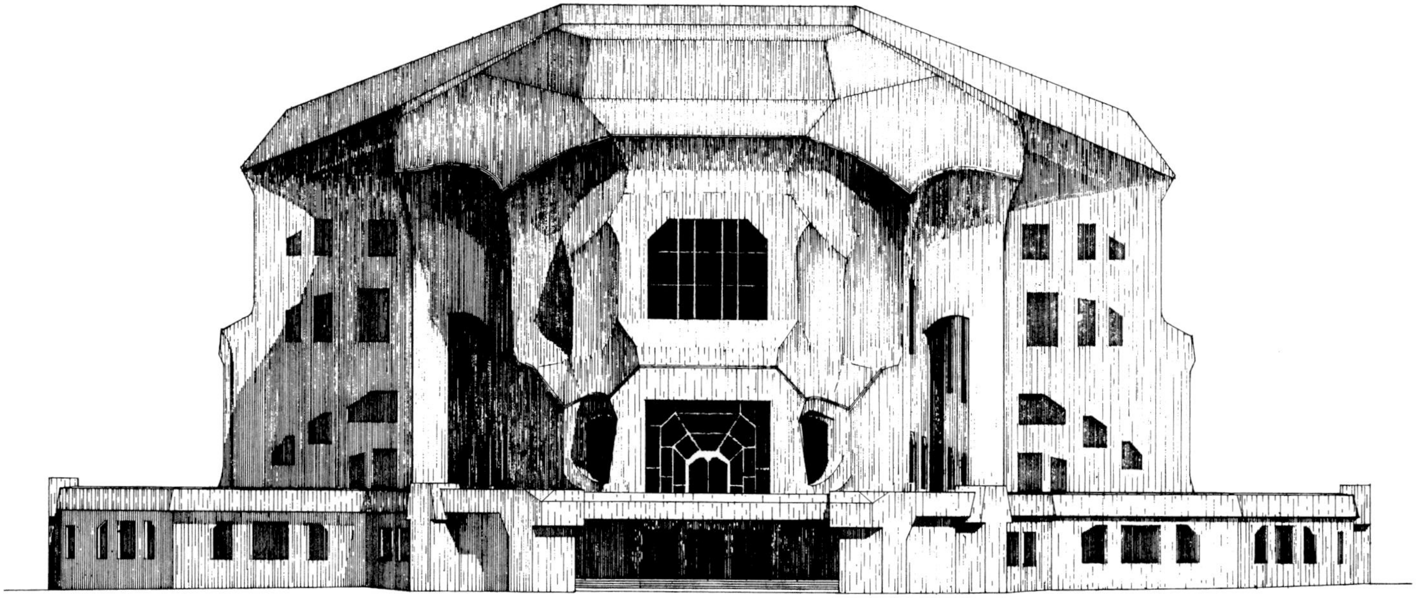

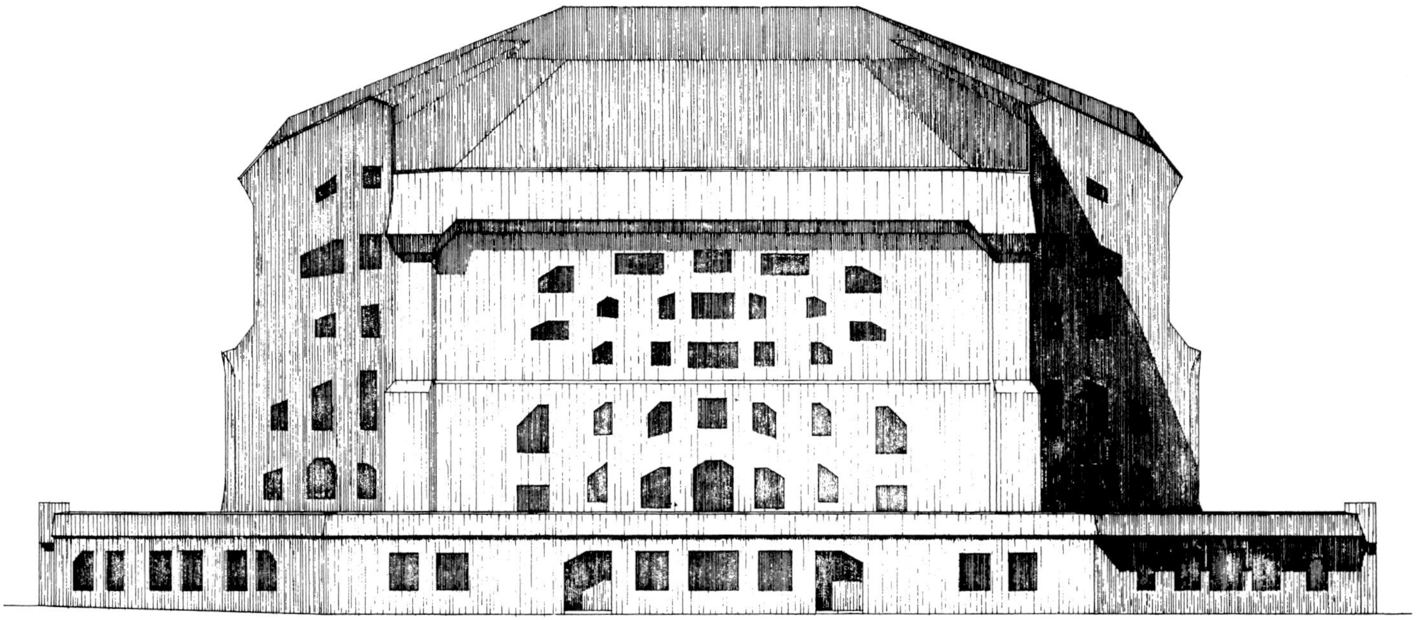

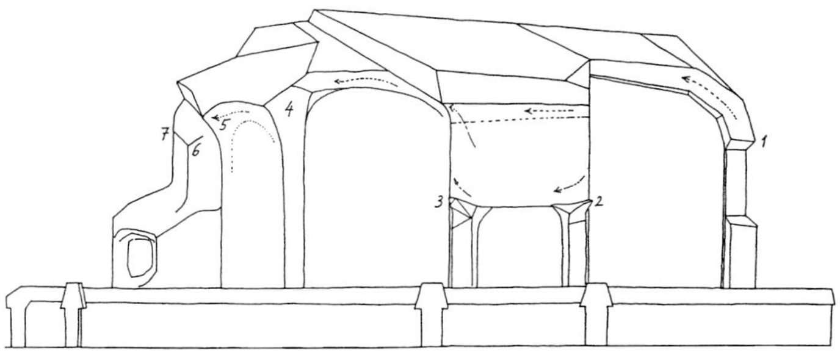

ist jedermann herzlich eingeladen, hereinzukommen. Da kommt es auf die Verbindung zwischen Aussen und Innen an, zwischen Innen und Aussen.

Architektonisch stellt sich nun die Aufgabe, diese beiden so gegensätzlichen Elemente zu verbinden. Mit dem Blick auf die Süd- oder Nordfassade wird deutlich, wie Rudolf Steiner diese Herausforderung gelöst hat. Was an der Südost-Ecke mit dem streng geformten Pilaster beginnt, wird Schritt für Schritt verwandelt. Zunächst erscheint der Pilaster in seiner einfachen Form (1); an den beiden Ecken des Südflügels (2 und 3) gestaltet er sich zu einer immer mehr ausgeformten Halbsäule, der vierte Schritt (4) zeigt sich als freistehende Säule, und mit den dynamischen Linien über die Westfassade (5–7) löst sich die Form immer mehr auf. Bis in die Technik der Betonschalungen hinein sieht man den Gegensatz der Formen. Bei den Gebäudeteilen im Osten wurden lange, breite Bretter für die Schalung verwendet, während man den schmalen, vielfach gebogenen und gekrümmten Brettchen für die Betonformen des Westens ansieht, dass der damalige Obmann der Schalungsbauer seine erste Berufserfahrung im Schiffsbau erworben hatte und die dort gelernten Techniken an den geschwungenen Formen der Westpartie anwendete.

Mit etwas Abstand vom Goetheanum kann auch wahrgenommen werden, wie sich ein gleiches Formmotiv in der Landschaft zeigt: vom Birstal aufsteigend gegen die Gempenfluh werden die Formen immer prägnanter, dann bricht die Fluh – von Dornach aus nicht mehr sichtbar – nach Osten in einer Steilwand ab. Das Goetheanum greift so die Landschaftsformen auf und überhöht sie künstlerisch. Rudolf Steiner selbst äusserte, dass er, nachdem er nun zehn Jahre in Dornach gewohnt habe, beim Entwerfen des Modells für den zweiten Bau ganz anders als beim Ersten Goetheanum in der Lage war, auf die Landschaft einzugehen. Wir werden im Kapitel über den 1922 abgebrannten ersten Bau noch sehen, wie seine Formen irgendwo in der Welt hätten stehen können – die Formen des zweiten Baues aber gehören an die Stelle, wo sie stehen, sie sind aus dieser Landschaft herausgewachsen.

Die Lage des Goetheanums kann als ein ausgesprochener Glücksfall erlebt werden: es steht nicht in der Ebene und auch nicht auf dem Berg, sondern in einer wunderbaren mittleren Lage am Hang. Es steht nicht in der Stadt und auch nicht in einer entlegenen Gegend, sondern in der Nähe des alten Kulturzentrums Basel. Dass es zudem in der Schweiz und nicht im nördlichen Nachbarland steht, wo es zuerst hätte gebaut werden sollen, ist darüber hinaus von grösster Bedeutung, weil es nur so trotz der Ereignisse des 20. Jahrhunderts hindurch erhalten geblieben ist.

Zurück zu den von aussen sichtbaren Formen. Deutlich kann man nach Westen hin den Saal mit den hohen Fenstern erkennen, nach Osten den Bühnentrakt mit den

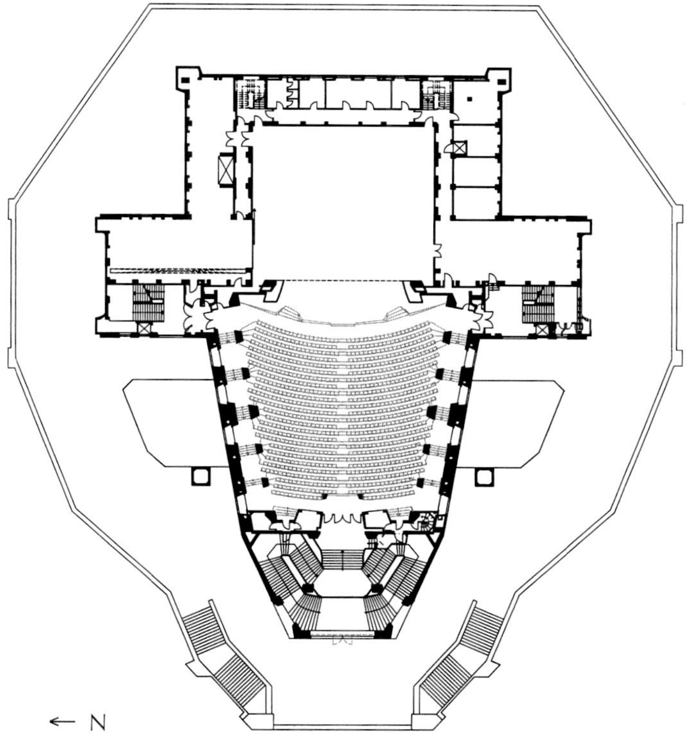

die Bühne umgebenden Garderoben und Lagerräumen. Ostteil und Westteil trennend und gleichzeitig verbindend ragen die beiden Flügel, in denen sich einerseits Treppenhäuser und Tagungsräume, andererseits die Seitenbühnen befinden, nach Norden und Süden. Das alles ruht auf einer das Ganze umfassenden Terrasse, unter der verschiedene Räume sind. Zwischen diesem Terrassengeschoss und dem Saal liegt noch ein Zwischengeschoss, wo heute die Büros des Vorstandes am Goetheanum sind.

Die Entstehung des Zweiten Goetheanums

Bevor einiges vom Inneren des Goetheanums beschrieben werden soll, werfen wir einen Blick in die Geschichte. Wir müssen uns vorstellen, dass nach dem Brand des aus Holz gebauten Ersten Goetheanums in der Silvesternacht 1922/23 in vieler Hinsicht ein Trümmerhaufen auf dem Hügel von Dornach lag. Ein mit ungeheurem Einsatz in den Jahren 1913–1920 gebautes Werk war zerstört. Die reiche künstlerische Gestaltung der geschnitzten Säulen und Architrave, die bemalte Decke, die geschliffenen farbigen Glasfenster – alles das war nur noch Erinnerung. Ein Trümmerhaufen war aber auch die Anthroposophische Gesellschaft, in der Rivalitäten, unklare Strukturen und fehlende Zusammenarbeit eine Orientierung auf gemeinsame Ziele hin fast unmöglich machten. Dazu kam eine feindselige Haltung gegenüber der Anthroposophie, die von den verschiedensten Strömungen mitgetragen wurde – von theosophischen Zirkeln, Vertretern der katholischen Kirche, protestantischen Pfarrern, heimatschützenden Vereinigungen und in Deutschland vom beginnenden Nationalsozialismus. So hatten sich viele über den Brand des Ersten Goetheanums gefreut, in Einzelfällen sogar die Löscharbeiten sabotiert.

In dieser Situation ging es Rudolf Steiner zunächst um den Zusammenhalt in der anthroposophischen Bewegung. Im Laufe des Jahres 1923 wurden Schritt für Schritt neue Strukturen und Zusammenhänge aufgebaut. Sie führten an Weihnachten 1923 zu einer Neubegründung der Anthroposophischen Gesellschaft, zu einem internationalen Zusammenschluss von in verschiedenen Weltgegenden gebildeten Landesgesellschaften. Es leuchtet ein, dass ein Bauwerk wie das Zweite Goetheanum nur auf der Grundlage eines kräftigen sozialen Baues errichtet werden kann. Während der Gründungsversammlungen dieser neuen Gesellschaft formulierte Rudolf Steiner zum ersten Mal seine Vorstellungen zum Wiederaufbau und machte dazu in seinem Vortrag vom 1. Januar 1924 die nachstehende Wandtafelskizze.

In den folgenden Wochen verdichteten sich die Vorstellungen für den neuen Bau; im März 1924 zog sich Rudolf Steiner für drei Tage aus allen Verpflichtungen zurück – mit Ausnahme der Vorträge für die Bauarbeiter, die er auch in diesen Tagen weiterführte –, um in seinem Atelier in der Schreinerei neben der Brandruine das Modell zu formen, das die Grundlage für die neuen Baupläne bilden sollte. Für die Architekten, denen er das Modell dann in ihr Büro ins Glashaus bringen liess, muss es ein gewaltiger Schock gewesen sein: Wie sollen diese so völlig neuartigen Formen im Massstabe 100:1 in einen Betonbau umgesetzt werden?

Nun setzte eine intensive Phase der Planung, des Variantenstudiums und der Verhandlungen mit den Behörden ein. Dabei war zu berücksichtigen, dass mit der Gründung der Freien Hochschule für Geisteswissenschaft innerhalb der Anthroposophischen Gesellschaft während der Weihnachtstagung die Raumbedürfnisse gegenüber dem Ersten Goetheanum wesentlich gestiegen waren. Im Gegensatz zu 1913, als es in Dornach noch keine Baugesetze gab, unterlag der neue Bau der Bewilligungspflicht durch die Behörden. Bereits im Juni 1924 wurde die Baueingabe gemacht. In heftigen Vorstössen versuchten Gegner eines Wiederaufbaus alle Hebel in Bewegung zu setzen, um beim Regierungsrat des Kantons Solothurn den Bau zu verhindern. Da war in Eingaben unter anderem von geistigem Heimatschutz gegen fremde, als verderblich bezeichnete Einflüsse die Rede. Aber auch Heimatschutz in ästhetischer Hinsicht wurde gefordert. Das heisst mit anderen Worten nichts als: Anpassung an bisherige Bauformen, so unauffällig wie möglich, und nicht grösser als so, dass auch ein lokaler Geist es erfassen kann. Der Gemeinderat von Dornach unter der Leitung des Gemeindeammanns Bernhard Krauss, Kantonsräte und gegen 200 Mitunterzeichner aus Dornach liessen sich aber in einem engagierten befürwortenden Sinne dazu vernehmen, der von staatspolitischer Räson zeugt. Gegenüber dem geistigen Heimatschutz wurde in einer Eingabe an den Regierungsrat geltend gemacht, dass «die Glaubens- und Gewissensfreiheit als eines unserer höchsten Staatsideale jede Unterdrückungsmassnahme und jede Verfolgung dieser andersdenkenden Mitmenschen verbietet, auch wenn wir die Lehren der Anthroposophen nicht verstehen und soweit es noch der Fall ist, mit ihnen nicht einig gehen. […] Gar nicht zulässig, ja fast als frivol aber erscheint es uns, die Gefühle der Vaterlandsliebe,

des Andenkens an unsere Vorfahren und der Verehrung unserer Freiheitskämpfer anzurufen für ein Ziel, welches doch die Verhinderung freier Geistesbetätigung, die sie erkämpft haben, und die Beseitigung Andersdenkender verfolgt.» Auch zur Ästhetikfrage wird Stellung genommen: «Die Frage der Schönheit irgendeines Werkes ist heute umstrittener als je. […] Ein Bau mit diesem Zweck und demselben zufolge diesen Dimensionen kann überhaupt nicht den Stil unserer Wohnungsbauten erhalten. Er kann sich auch nicht unauffällig verbergen. Die Kritiker wären sicher in Verlegenheit, eine ihrem Begehren entsprechende Vorlage zu entwerfen, die auch Gefühl und Zwecken der bauenden Gesellschaft, welche die grossen Mittel aufbringen muss und daher doch ein erstes Anrecht auf die Gestaltung des Baues hat, noch genügen könnte.» Geradezu köstlich ist der darauf folgende Hinweis, dass auch der St. Ursen-Dom in Solothurn weder im Stil noch in der Grössendimension den umgebenden Häusern entspricht. «Sobald man übrigens … der Anthroposophengemeinde das Recht zur Betätigung ihrer Denk- und Betrachtungsweise zugesteht, so wird man ihr auch das weitere Recht zugestehen müssen, eine dieser Denkweise angepasste Bauform zu wählen. Dass das dann aber nicht eine der landesüblichen Formen sein kann, liegt im Wesen der Sache.»

Auf Begehren der Behörden wurden schliesslich einzig die Höhe des Baues etwas reduziert sowie einige kleinere Änderungen gemacht. Eine Änderung der Dachform ergab sich aus dem Detailstudium der bühnentechnischen Anforderungen an die Höhe des Bühnenturms. Die Statik wurde durch einen unabhängigen Ingenieur geprüft. Und bereits im November 1924 lag nach der zweiten Baueingabe die vom Regierungsrat erteilte Genehmigung der Baupläne vor. Im Winter 1924/25 begannen die

Abbrucharbeiten der Bauruine des Ersten Goetheanums. In der Zwischenzeit war man zur Einsicht gekommen, dass die in Beton ausgeführte Terrasse abgebrochen werden musste, da sie wegen der Schäden doch nicht wie zuerst angenommen als Terrasse für den zweiten Bau brauchbar war.

Rudolf Steiner war inzwischen ernsthaft erkrankt und konnte die weitere Entwicklung der Baupläne nur noch vom Krankenlager aus begleiten. Noch während der erwähnten Abbrucharbeiten starb er am 30. März 1925. So kam es, dass er nur bei den Plänen zur Aussenform des Baues mitwirken konnte, der Innenausbau bei seinem Tod aber noch offen war. Nur ganz wenige Anregungen hatte er dazu noch gegeben. Er war sich bewusst, dass man einen einmal errichteten Bau nicht wiederholen kann und dass ein neuer Bau aus der aktuellen Zeitlage heraus entwickelt werden muss. Dass sich das Zweite Goetheanum so deutlich vom Ersten unterscheidet, hängt ja auch damit zusammen, dass sich die geistige Lage in Europa mit dem Ersten Weltkrieg völlig verändert hatte. Nichts war mehr wie vorher. Auch in den Werken anderer Architekten vor und nach dem Weltkrieg kann man sehen, wie tiefgreifend der Umschwung war. Und doch zeigt sich bei genauerem Studium, wie die beiden Goetheanum-Bauten in ihrer inneren Struktur zusammenhängen, wie der zweite eine Metamorphose des ersten ist. Dazu mehr im Kapitel über das Erste Goetheanum.

Die Bauarbeiten gingen nun zügig voran. Die Administration des Goetheanum-Baues hatte dazu ihre eigene Mannschaft auf die ansehnliche Anzahl von 120 Arbeitern zu einer eigenen Baufirma erweitert. Am 29. September 1926 wurde bereits das Aufrichtefest gefeiert, am 18. Juli 1927 wurde die grosse Holzskulptur des Menschheitsrepräsentanten, auf die weiter unten eingegangen

Einige Zahlen:

Grösste Länge: 92 m mit Terrassenbau
Grösste Länge des Oberbaues: 72 m
Grösste Breite mit Terrassenbau: 85 m
Grösste Breite des Oberbaus: 64 m
Grösste Höhe: 37,2 m
Umbauter Raum: 110 000 m^3, entspricht ca. 160 mittleren Einfamilienhäusern
Verbauter Beton: 15 000 m^3
Bausumme in damaligen Schweizer Franken: ca. 7 Mio, entspricht etwa dem 14fachen Betrag heute

wird, im dazu bestimmten Raum aufgestellt, und am 29. September 1928 fand die feierliche Eröffnung statt. Die Fotos zeigen deutlicher als Worte, wie das vor sich gegangen ist. Sie zeigen zugleich, dass die technischen Hilfsmittel für das Bauen bei weitem einfacher waren als heute. Es gab keine Krane, keine Stahlgerüste, keine Vibratoren für das Verdichten des Betons. Der aufbereitete Beton wurde in grossen Gefässen auf dem Rücken die Gerüsttreppen hinaufgetragen und zwischen den Holzschalungen mit langen Holzstangen verdichtet. Sand, Kies und Beton, per Bahn an die Bahnstation Dornach-Arlesheim angeliefert, wurde von den Bauern der Umgebung mit Pferdewagen zur Baustelle hochgefahren. Und dauernd stand die Baustelle unter dem Damoklesschwert der noch fehlenden Finanzierung. Den Grundstock dazu hatte die Versicherungssumme für den ersten Bau gebildet. Das war aber nur ein Anfang. Schritt für Schritt kamen dann die Spenden zusammen. Die Situation wurde aber 1927 kritisch – die Westfassade war noch nicht gebaut und es war offen, ob die Bauarbeiten zum Stillstand kommen. Da machte der damalige Schatzmeister der Gesellschaft, Dr. Guenther Wachsmuth, eine Reise durch die Landesgesellschaften und Zweige, um vom Bau zu berichten. Mit der nötigen Summe für den Abschluss des Rohbaus kam er zurück.

Im folgenden gehen wir durch verschiedene Bereiche des Goetheanums hindurch.

Westtreppenhaus

Der Besucher wird durch die drei mächtigen Portale des Westeingangs zu den Garderoben und unter den Grossen Saal in das mittlere Foyer hineingeführt, wo heute bei Tagungen der Empfang der Besucher stattfindet. Dort kehrt der Weg um und führt wie in einer gross angelegten Schlaufe die Westtreppe hinauf. Auf halber Höhe begegnet derjenige, der die rechte Treppe gewählt hat, jenem, der die linke wählte, und oben beim Saaleingang treffen sie nochmals zusammen. Diese geschwungenen und nicht funktional geraden Wege, auf denen man sich immer wieder neu begegnet, haben draussen schon vor dem Westeingang begonnen: auch der Fussweg vom Speisehaus her, der sogenannte Felsliweg, führt den Besucher heran zu einer ersten Sicht auf den Bau, dann verbirgt er sich wieder, taucht neu auf, der Weg lädt dazu ein, nochmals Abstand zu nehmen – und dann erst geradlinig auf ihn zuzugehen. Dies ein erstes Beispiel zum Thema Architektur, die sich nicht darauf beschränkt, nur einen Zweck zu erfüllen, sondern deren Thema der Mensch mit seinem Erleben, seinem Suchen und seinen Begegnungen ist.

Im Sommer und während grosser Aufführungen ist auf halber Höhe das grosse Portal zur Terrasse offen und lädt zu einem Rundgang um den Bau ein. Es ist, wie wenn man sich hier auf dem Weg ins Theater bereits ein wenig von der Erde löst oder – während der Pause – nicht ganz bis auf den Grund der Alltagsrealitäten zurückzukehren braucht. Ein besonderes Erlebnis ist, wenn hier in den Pausen unmittelbar Naturstimmungen erlebt werden können, ganz besonders im Hochsommer, wenn die Sonne im

Bleibt das Treppenhaus innen so oder denkt man daran, dazu eine Innengestaltung zu machen, die nicht von den «Zufälligkeiten» der konstruktiven Notwendigkeiten geprägt ist?
Westeingang und Westtreppenhaus waren bis zu Beginn der 1960er Jahre kaum gebraucht und noch im rohen Zustand. Der Innenausbau, der weitgehend den vorgegebenen konstruktiven Formen folgte, wurde von Rex Raab (1914-2004) und Arne Klingborg (*1915) gestaltet. Es ist durchaus denkbar, dass eine nächste Generation von Architekten an diesen Innenformen weiterarbeitet und eine selbständige Gestaltung findet. Konkrete Pläne dazu bestehen aber nicht, da andere Bauaufgaben viel wichtiger sind. Zudem interessieren sich Ingenieure und Architekten gerade für die Sichtbarkeit dieser Konstruktionsdetails.

Westen über der Burgunder Pforte untergeht. Beim Eintritt durch die Terrassentüre zurück ins Treppenhaus fällt der Blick bei den Treppenpodesten auf eine Plastik von Günter Oling und über dem Zugang zum Korridor auf eine Michael-Gestalt von Walther Kniebe.

Beim Blick nach oben in die Kuppel des Treppenhauses sieht man sehr deutlich die Betonkonstruktion, die notwendig war, um für die bewegten äusseren Formen die notwendige Stütze zu erreichen.

Der Weg geht weiter nach oben über die in S-Form auf beiden Seiten symmetrisch geschwungene Treppe. Bevor man in den Saal eintritt, spürt man vor den Saaltüren stehend im Rücken ein rotes Licht und wendet sich nochmals um. Da erstrahlt, je nach Intensität des Sonnenlichts, ein strahlendes Karminrot – das erste von neun farbigen Glasfenstern, die den Weg des Menschen zu höherer Erkenntnis schildern. Dazu später mehr.

Der Grosse Saal

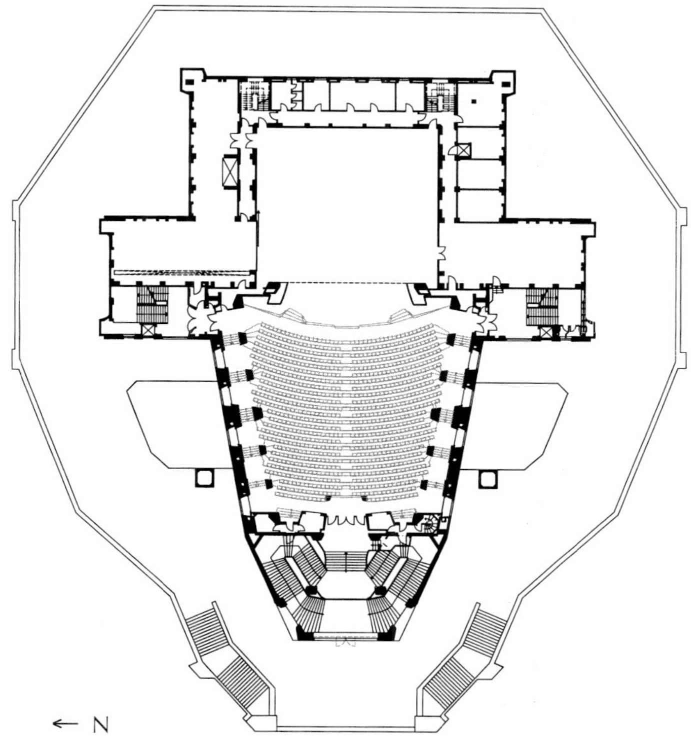

Zunächst etwas zur Form des Saales. Ein nach vorne sich öffnendes Trapez bildet die Grundform des Publikumsraumes, ein Quadrat im Wesentlichen die Form der Bühne. Diese beiden Formen schieben sich um die Breite der Vorbühne ineinander. Ungewöhnlich erscheint die Tatsache, dass sich das Trapez nach vorne öffnet. Das gibt dem Saal eine Perspektivwirkung, die dem Zuschauer auch in den hinteren Reihen den Eindruck vermittelt, recht nahe bei der Bühne zu sein; der Weg dorthin scheint durch die auseinanderlaufenden Wände verkürzt. Umgekehrt entsteht für den Redner auf der Vorbühne oder den Schauspieler auf der Bühne der Eindruck, dass der hinterste Zuschauer gar nicht so weit weg ist. Man wundert sich aus dieser Perspektive beinahe, dass man 1000 Sitzplätze vor sich hat.

Diese Form von ineinandergeschobenem Trapez und Quadrat ist eine Metamorphose derjenigen Form, die der Doppelkuppelbau des Ersten Goetheanums hatte. Im ersten Bau waren Saal und Bühne wesentlich mehr aufeinander bezogen, da auch die Bühne künstlerisch bis in jedes Detail ausgestaltet war. Auch da gab es wie im grossen Kuppelraum geschnitzte Sockel, Kapitelle, Architrave und eine bemalte Decke. Mit dem Entschluss, im wiederaufgebauten zweiten Bau eine technische Bühne einzurichten, fiel dieser Bezug zwischen Saal und Bühne in Hinsicht auf künstlerische Ausgestaltung durch Plastik und Malerei weg. Es blieb der Bezug der räumlichen Grundform – und die Herausforderung, das, was im ersten Bau mit Hilfe der plastisch-malerischen Ausgestaltung an Wirkung erzielt worden war, nun durch die Bühnenkunst mit ihren Bühnenbildern zu erreichen.

Während fast dreissig Jahren wurde der Saal im Rohbau benützt. Ausser einem ganz einfachen Tonnengewölbe aus einer dünnen abgehängten Gipsdecke, die die Dachkonstruktion verdeckte, waren überall die blanken Betonwände sichtbar. Aus dem während der Bauzeit für die Betonschalungen und für die Gerüste verwendeten Holz war eine Bodenkonstruktion errichtet worden, die in allen Teilen noch vom Betonstaub durchdrungen war. Nur eines wurde schon zu Beginn eingebaut, was – allerdings erneuert und in der Konstruktion verbessert – die Zeiten überdauert hat, nämlich die damals von tschechischen Freunden gestifteten 1000 Stühle aus Ulmen-

holz. In den 30er Jahren kamen dann die Glasfenster dazu, anfangs der 50er Jahre die Orgel. Beide – Glasfenster und Orgel – sind auch heute wieder eingebaut.

1957 erfolgte dann ein erster Ausbau des Saales mit in einfachen Formen ausgeführten Wänden in Rabitztechnik und einer zunächst weissen, später immer grauer werdenden herabgehängten Decke, die damals leider in Asbest ausgeführt worden war. Gestützt auf einen Ideenwettbewerb unter einer Anzahl eingeladener Architekten entschied der Vorstand am Goetheanum in einem einsamen Entscheid, der Ausführung ein Modell von Prof. Schöpfer aus Stuttgart zugrunde zu legen. Doch dieser Entwurf war sehr umstritten und führte zu schwierigen und unschönen Streitereien innerhalb der Anthroposophischen Gesellschaft. Wesentliche Aspekte des Baugedankens, der dem Goetheanum zugrunde liegt, schienen nicht berücksichtigt zu sein. Und doch drängte es die damals massgeblichen Verantwortungsträger, Albert Steffen und Guenther Wachsmuth, den Bau auch innen endlich zu vollenden. Eine nächste Generation, die in den folgenden Jahrzehnten das Goetheanum kennen lernte, zu der auch der Verfasser dieser Zeilen gehört, erfuhr nichts von diesen Schwierigkeiten und lebte mit dem Saal als dem damals bestmöglichen. Als aber in den 80er Jahren die Behörden immer deutlicher die Entfernung der Asbestdecke verlangten, deren Schädlichkeit in der Zwischenzeit erwiesen war, besann man sich auf die Fragestellung von damals. Die Notwendigkeit einer vollständigen Erneuerung der Decke, die ungenügende Heiz-, Lüftungs- und Beleuchtungstechnik, die Tatsache der im Saalausbau von 1957 missglückten Akustik, das architektonisch Unbefriedigende – all das führte während einer langen Planungszeit, die 1989 begann, zum Entschluss, den Saal nochmals bis auf den Rohbau auszuhöhlen und neu zu gestalten. Das erfolgte in den Jahren 1996 bis 1998.

Dieser Weg begann mit der Berufung von Christian Hitsch, einem Bildhauer und Maler, der damals in Wien eine Kunstschule führte, zum Leiter der Sektion für Bildende Künste innerhalb der Hochschule. Das geschah mit dem ausdrücklichen Auftrag, die Möglichkeiten einer Neugestaltung des Saales zu studieren. Mit grösster Energie und Ausdauer begann er in einer Serie von schliesslich zwölf Entwurfsmodellen die gegensätzlichsten Ansätze auszuloten. Allen gemeinsam aber war, dass die Grundidee der Metamorphose durch sieben Sockel und Kapitelle in sieben Säulen sowie dem darüber geschwungenen Architrav, wie sie einmal im Ersten Goetheanum ausgestaltet worden war, aufgegriffen wurde. Rudolf Steiner hatte die Formverwandlungen durch sieben Stufen nicht nur im Ersten Goetheanum versucht, sondern im Ansatz bereits bei der Ausgestaltung eines Kongresssales in München 1907 und in zwei weiteren Versuchen in Stuttgart und Malsch. Christian Hitsch war überzeugt, dass für solche Bauten wie das Goetheanum, das letztlich eine moderne Mysterienstätte und nicht irgendein Zweckbau sein will, diese Formverwandlungen ein stilbegründendes Element sind, das weit in die Zukunft hinein Bedeutung hat.

Ein weiteres Motiv ist die Integration der Künste zu einem Gesamtkunstwerk, ein Ideal, das zu Beginn des 20. Jahrhunderts manchem Architekten vorschwebte, das aber nur in den seltensten Fällen überzeugend zur Ausgestaltung gekommen war. Architektur, Plastik und Malerei sollen sich im Gesamtkunstwerk so verbinden, dass sich eines aus dem anderen ergibt und dass alle drei Elemente aus demselben Geist herauswachsen. Innerhalb eines so konzipierten Gesamtkunstwerkes ist auch das, was als Bühnenkunst, als Eurythmie in der durch Bewegung sichtbar gemachten Sprache und Musik geschieht, letztlich auch das, was im Saal gesprochen, empfunden und gedacht wird, Teil dieses Gesamtkunstwerkes. Es geht also gerade nicht darum, zunächst «nur» Architektur zu

schaffen und sie dann mit dem letzten Rest des Geldes, das nach allem Sparen bleibt, noch etwas mit Kunst zu «verschönern», wie das so oft geschieht. Im Gegenteil: bereits im Ansatz müssen Architektur, Plastik und Malerei ineinanderwirken. Dass mit Christian Hitsch ein Bildhauer mit Bauerfahrung und malerischem Talent mit der ersten Planung beauftragt wurde, ist Ausdruck dafür.

Doch zum Bildhauer musste sich ein Architekt gesellen; er wurde in Ulrich Oelssner gefunden, der bisher von Stuttgart aus viele Bauten, besonders auch Kirchen der Christengemeinschaft realisiert hatte. Von einer bestimmten Phase an verfolgten sie die Pläne gemeinsam weiter, wobei sehr bald deutlich wurde, dass ein Dritter dazukommen muss, nämlich ein Akustikingenieur. Er wurde in Jörg Kümmel vom Akustikbüro Müller-BBM in München gefunden. Die entscheidende Entwicklungsarbeit geschah so in der Zusammenarbeit von Bildhauer, Architekt und Akustiker. Der Akustiker war aber lange mit den Entwürfen unzufrieden und sagte, dass auf dem eingeschlagenen Weg keine gute Akustik zustande kommt, da die in den ersten Entwürfen an den Aussenwänden als Relief angebrachte plastische Gestaltung von Wand zu Wand einen sehr grossen Abstand aufwies. Der Durchbruch zu einer alle drei befriedigenden Lösung erfolgte erst in den ersten Wochen des Jahres 1995, als die Idee aufgegriffen wurde, mit etwas Abstand von den Aussenwänden Pfeiler aufzustellen. Das erlaubte, den für die Akustik massgeblichen Innenraum, das heisst den Abstand von Wand zu Wand und proportional auch zur Decke, spürbar zu verringern. So konnte die Gefahr von Echobildungen ausgeschlossen werden. Gleichzeitig konnten überall akustisch reflektierende Materialien eingesetzt werden. Dieser letzte Punkt wurde für die bevorstehende Bemalung der Decke ganz entscheidend, denn ein Gemälde kann nur auf einer reflektierenden, also harten Fläche aufgebracht werden.

Die Konstruktion mit je sieben Pfeilern an den Seitenwänden, wobei der erste und der siebte mit den Ecken des Saales verschmelzen und somit nur fünf Pfeiler frei stehen, kam dem Konzept, die plastischen Formen des Ersten Goetheanums in gewandelter Form aufzugreifen, sehr entgegen, setzte aber das Projekt von neuem der Kritik aus, es werde hier eine vor Jahrzehnten einmal realisierte architektonische Idee imitiert. Kritiker, die so argumentieren, können die oben geschilderte Überzeugung nicht nachvollziehen, dass eben die im Ersten Goetheanum geschaffenen Formen eine viel tiefere Bedeutung haben, als dass sie nach wenigen Jahrzehnten veraltet wären. Auch in der Gotik wäre niemand auf die Idee gekommen, einem 80 Jahre späteren Bau nur Imitation des früheren vorzuwerfen, da die Geistigkeit, deren Ausdruck der gotische Stil ist, über eine längere Zeit hinweg seine Ausprägungen suchte. Ähnlich kann sich eine von anthroposophisch geprägter Spiritualität durchdrungene bauliche Gestaltung auch nicht von rasch wechselnden Modeströmungen in der Architektur leiten lassen, die zwar immer wieder neues «Originelles» hervorbringen, aber auch ebenso rasch ihre Bedeutung verlieren.

Für die neue plastische Gestaltung des Innenraumes musste die Formensprache gefunden werden, die den Stilwandel vom ersten zum zweiten Bau mitmacht, jener Wandel von Holz zu Beton, der ja mehr als nur ein Wandel des Materials ist, sondern ein Wandel von mehr runden, geschwungenen Formen hin zu einem mehr kantigen, winkligen und damit das Bewusstsein stärker weckenden Element. Versuche, die neuen Wände wieder in Holz geschnitzt auszuführen, befriedigten nicht. Aber wie kann Beton, das moderne Material des zweiten Baues, im Innenraum für plastische Gestaltungen verwendet werden?

Die Lösung wurde im Spritzbeton gefunden. Es gab jedoch bisher keine Erfahrungen mit Spritzbeton als Grundlage für bildhauerisch bearbeitete Innenräume. Die

Spezialfirmen für Spritzbeton im Umkreis von 300 Kilometern wurden eingeladen, in Zusammenarbeit mit einer kleinen Forschungsgruppe unter der Leitung von Tobias Nöthiger, einem initiativen, kurz nach der Bauvollendung verstorbenen jungen Handwerker-Künstler, die Technik und Zusammensetzung für einen solchen Beton zu entwickeln. Eine kleine Firma aus dem Tessin, die Laich SA unter der Leitung von Pietro Teichert, erwies sich dafür als kompetent. So entstanden Wände aus einem Spritzbeton mit besonderer Zusammensetzung: sehr viel leichter als üblicher Beton durch die Beimischung von Bimsstein anstelle von Flusskies, für Bildhauer besser bearbeitbar durch die Beimischung von Kalk, mit einem warmen rötlichen Farbton durch die Beimischung von Eisenoxid, also von Rost in Pulverform.

Der Aufbau der Wand sei kurz in den einzelnen Schritten dargestellt:

- Eine kräftige Stahlkonstruktion trägt und stützt die Wände.
- Eine Mannschaft von Künstlern und Handwerkern formt in einer gemieteten Fabrikhalle, dem Modell der Wände entsprechend, die Eisenarmierung der Wände vor.
- Die Eisenplastik der Wandarmierungen wird, in transportable Teile zerlegt, auf die Baustelle gebracht und an der Stahlkonstruktion verankert.
- Die Armierung wird vor Ort ergänzt und mit Streckmetall hinterlegt.
- In drei Schichten wird der Spritzbeton aufgetragen. Zwischen der zweiten und dritten Schicht wird eine weitere Armierung aus Glasfasernetzen eingelegt. Die Gesamtdicke der Wand beträgt ca. 10–12 cm. Während des Spritzvorgangs arbeiten Mitarbeiter der Spritzbetonfirma mit einem Künstler zusammen.
- Nach dem Austrocknen und Aushärten der Wände beginnt die Bildhauerarbeit an den Wänden, die durch den Spritzvorgang bereits vorgeformt sind. 1–3 cm der Betonoberfläche werden dabei abgetragen. Die Bildhauer arbeiten nicht mit Hammer und Meissel, sondern mit Beilen. 40 bis 50 Bildhauer und Helfer arbeiten während sechs Monaten an dieser Gestaltung. Die Helfer sind damit beschäftigt, laufend die abgeschlagenen Teile zu entsorgen.

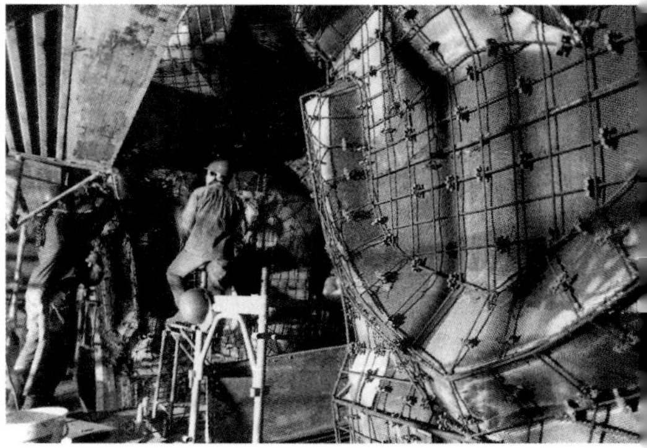

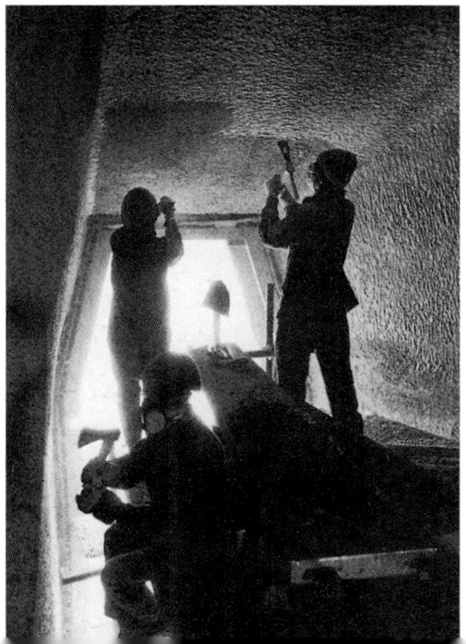

Die Werkgemeinschaft

Das grosse Projekt der Saalerneuerung 1996–1998 wäre nicht möglich gewesen, wenn nicht zusätzlich zu den gewaltigen finanziellen Mitteln, die aus der Anthroposophischen Gesellschaft und Bewegung zur Verfügung gestellt wurden, Hunderte von Freunden durch ihre ganz konkrete tatkräftige Hilfe auf der Baustelle mitgearbeitet hätten. So ergab sich ein Zusammenwirken von Arbeitern der Fachfirmen mit Künstlern und Helfern aus den eigenen Reihen, was der Baustelle ein eigenes Gepräge gab. Während der ganzen Bauzeit von 20 Monaten waren jeweils ungefähr 100 Menschen tätig; die einen kamen für die ganze Zeit der Bildhauerarbeiten oder für die Schnitzarbeiten an den Türen, andere blieben zwei Wochen, um die täglichen Reinigungsarbeiten auf der Baustelle zu übernehmen oder dem Fachmann der Gipserfirma als Handlanger zu helfen, usw. Durch die Arbeiter der Fachfirmen und die Mitarbeiter aus der anthroposophischen Bewegung ergab sich eine sehr international zusammengewürfelte Werkgemeinschaft, wo die Liebe zu diesem Bauwerk und die hohe Einsatzbereitschaft eine gemeinsame Basis bildeten. Dem kam zusätzlich entgegen, dass mit mehreren Firmen für grosse Teile der Arbeit nicht Pauschal- oder Ausmasspreise vereinbart wurden, sondern – um den technischen Ausdruck zu verwenden – in Regie abgerechnet wurde: es wurden ganz einfach die tatsächlich geleisteten Arbeitsstunden und das tatsächlich verwendete Material entschädigt. Auf grossen Baustellen ist das zwar nicht üblich, es entsprach aber der besonderen Herausforderung des ungewöhnlichen Bauprojektes.

Die drei Motive der Entwicklung

Wie bereits bei der Betrachtung der äusseren Form des Goetheanums erwähnt, ist die Metamorphose als Ausdruck eines Entwicklungsweges ein wesentliches Element anthroposophischer Architektur. Im Grossen Saal finden sich nun drei Elemente, die Entwicklung darstellen. In der plastischen Gestaltung der Wände durch die sieben Pfeiler, Kapitelle und den Architrav haben wir ein Bild der kosmischen Entwicklung. Die Deckenmalerei gibt Motive der Menschheitsentwicklung von der Schöpfungsgeschichte bis zur Gegenwart wieder, und die Darstellungen der farbigen Glasfenster schildern den Weg des individuellen Menschen in seiner Entwicklung zu höherer Erkenntnis.

Alle drei Entwicklungsmotive gehen zurück auf das Vorbild der entsprechenden Darstellungen im Ersten Goetheanum und damit auf Skizzen und Anregungen Rudolf Steiners. Und alle drei sind so umgearbeitet, neu gegriffen und von den ausführenden Künstlern individuell durchgestaltet, dass sie zusammen mit den Bauformen des zweiten Baues eine Ganzheit bilden. Es war einer der wichtigsten Gründe zur Saalerneuerung in den 90er Jahren, wieder diese Dreiheit der Entwicklungsmotive erlebbar zu machen. Dazu einiges im Detail.

Kosmische Entwicklung – plastische Gestaltung der Wände

Rudolf Steiner schildert aus seiner Geistesforschung heraus die Entwicklungsphasen unseres Erdenplaneten. Er spricht davon, wie in unendlich langen Zeiträumen sich die Erde aus rein geistigen Kräften heraus von einem zunächst nur als Wärmekörper bestehenden Gebilde über einen zu Luft verdichteten, weiter über einen zu wässrigen und gallertartigen Formen verdichteten Körper zu dem entwickelt hat, was heute feste Erde auf mineralischer Grundlage ist. Zwischen diesen vier Stufen – vereinfacht ausgedrückt – von der Wärme über die Luft und das Wasser zur Erde, lagen jeweils lange Phasen, in denen sich das so Entstandene wieder aufgelöst oder, so könnte man auch sagen, wieder in rein geistige Qualitäten zurückverwandelt hat. Diese verschiedenen Phasen benannte Rudolf Steiner in Anlehnung an alte esoterische Traditionen mit den Namen der sieben Planeten, obwohl sie nicht unmittelbar mit den jetzt sichtbaren Planeten zu tun haben: Saturn – Sonne – Mond – Erde. Dazu kommen für den prophetischen Blick drei weitere Stufen: Jupiter – Venus – Vulkan. In der Darstellung der Kapitelle ist nun der letzte kosmische Zustand des Vulkan weggelassen und die Erde in zwei Teilen dargestellt, die man Mars und Merkur nennen kann, sodass die Reihe der planetarischen Zustände als Bilder der kosmischen Entwicklung in folgender Anordnung vor uns sind: Saturn – Sonne – Mond – Mars – Merkur – Jupiter – Venus. Man kann diese Stufen auch Planetenverkörperungen nennen. Dass es sich dabei um sieben Stufen handelt, hat nichts mit Symbolik oder Mystik zu tun, denn wer wo auch immer Entwick-

lungsprozesse studiert und analysiert, kommt darauf, dass sich Entwicklung ihrem Wesen nach immer in sieben Schritten vollzieht. Nicht ohne Grund ist auch die Woche in sieben Wochentage gegliedert, die den Planeten in derselben Reihenfolge zugeordnet sind, was in ihren Benennungen in vielen Sprachen zum Ausdruck kommt. Diese sieben Planeten-Entwicklungsstufen sind in den sieben Pfeilern mit ihren Kapitellen und Sockeln dargestellt.

Man kann aber die Kapitelle und Architrave auch von der künstlerischen Bewegungsform aus ansehen und dabei von begrifflichen Erklärungen absehen. So kann man sie als rein plastische Formen mit dem Auge verfolgen und dabei die Aufmerksamkeit darauf lenken, wie die eine Form sich in die andere verwandelt. Mit jeder Form ist eine neue Stufe eines Verwandlungsvorganges festgehalten, die Verwandlung selber ist aber das, was im Unsichtbaren zwischen den sichtbaren Formen geschieht, also gleichsam in der Tiefe der Nische, die zwischen den Pfeilern ein «Nichts» ist – ein «Nichts», in dem unsichtbar Bedeutsames sich abspielt. Die Reihe beginnt in der hinteren Saalecke mit einer relativ schlichten Form, in der sich eine Spitze von oben einer Spitze von unten her nähert. Diese einfache Form wird komplexer, dynamischer in der nächsten und übernächsten Form, bei der vierten kommt ein völlig neuer Einschlag dazu, der sich weiter entwickelt, die fünfte Form scheint verwirrend vielfältig mit dem schlangenähnlichen Gebilde, das sich um einen Mittelstab herumwindet, und bis zur siebten Form vereinfacht sich das Geschehen wieder auf einer höheren Stufe. Von da aus könnte wieder ein neuer Entwicklungszyklus beginnen.

Entwicklung der Menschheit – die Deckenmalerei

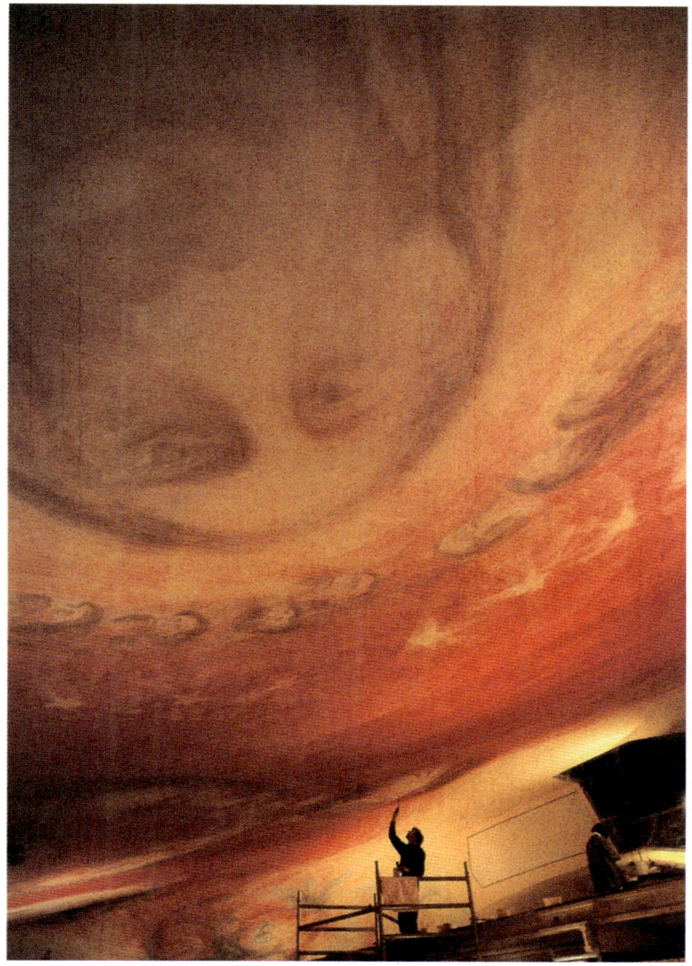

In der Phase, die wir nun innerhalb der kosmischen Entwicklung als die Verkörperung der Erde bezeichnen, entwickelt sich die heutige Menschheit. In unzähligen Mythen und Sagen sowie religiösen Urkunden wird die Entstehung der Erde geschildert. Allen gemeinsam ist, dass die treibenden Kräfte zu dieser Entstehung geistige Wesen waren. Es ist nicht ein Urknall oder ein physikalisch bestimmtes Ereignis, das am Anfang steht, sondern Gott oder die Elohim oder die Götter oder andere Wesen. Sie haben den Menschen geschaffen und mit ihm die Tiere, die Pflanzen und auch alles Leblose. Mit der Darstellung solcher Schöpfungsvorgänge beginnt die Deckenmalerei in tiefem Blau über der Empore. Auge und Ohr des Menschen sind Organe, die zu diesem Geschaffenen gehören und dem Menschen den Zugang zum Irdischen vermitteln. Alles vollzieht sich noch in einer göttlich-menschlichen Einheit, die im Bild des Paradieses ausgedrückt wird. Doch da bricht mit der Versuchung durch die Schlange die Einheit auseinander und der Mensch wird selbständig, trennt sich in seinem Bewusstsein von den Wesen, die ihn bisher geschaffen haben. In uralten Zeiten, lange bevor historische oder geologische und archäologische Zeugnisse vom Menschen erzählen, sah die Erde noch ganz anders aus. Wiederum kann, gestützt auf die Geistesforschung von Rudolf Steiner, von Lemurien erzählt werden, einem feurigen, immer wieder sich verändernden Gestaltungen unterworfenen Gebiet in der heutigen Region des Indischen Ozeans. Dieses Land ist durch Feuerkatastrophen untergegangen. Eine nächste

Entwicklungsphase der Menschheit vollzog sich auf der Atlantis, dem sagenumwobenen Gebiet zwischen Afrika, Europa und Amerika, die mit der Wasserkatastrophe der Sintflut endet. Und dann beginnen die Kulturepochen, die uns bereits näher stehen und wo erste historische Anhaltspunkte vorliegen, die Hochkulturen in Indien, in Persien und dann in Mesopotamien und Ägypten, weiter in Griechenland und Rom, bis wir in die Gegenwart kommen. In den Gesten von I – A – O werden wir aufgefordert, die in unserer Zeit auseinanderstrebenden Kräfte des Denkens, Fühlens und Wollens in eine Ich-geführte Einheit zusammenzuführen.

Die Darstellungen hören mit der Gegenwart auf – die Zukunft liegt jenseits der Schwelle auf der Bühne. Im Ersten Goetheanum fanden die bildnerischen Darstellungen der grossen Kuppel eine Fortsetzung in die kleine Kuppel hinein, wo Motive gemalt waren, die in die Zukunft hineinführen: der strebende Faust, der sich mit den Kräften des Bösen auseinandersetzt – Christus, der der Menschheit die Kräfte für eine zukünftige Weiterentwicklung geschenkt hat. Das in der Kuppel gemalte Motiv des Christus greift auf, was als grosse Skulptur hätte darunter stehen sollen (siehe Kapitel über den Menschheitsrepräsentanten, Seite 87).

Anordnung und Reihenfolge der Motive

1 Es wirken die Elohim in die Erde hinein, es strahlen hinein die Lichtwesen
2 Es entstehen die Sinne, es werden Auge und Ohr
3 Jahwe und die luziferische Versuchung – Paradies
4 Lemurien
5 Atlantis
6 Der indische Mensch
7 Der persische Mensch
8 Der ägyptische Mensch
9 Griechenland und das Ödipus-Motiv
10 Gottes Zorn und Gottes Wehmut – Das I
11 Der Reigen der Sieben – Das A
12 Der Kreis der Zwölf – Das O

Die Deckenmalerei geht, wie bereits erwähnt, auf Skizzen von Rudolf Steiner für die Kuppeln des Ersten Goetheanums zurück. In der Vorbereitung zur Neugestaltung des Grossen Saales befasste sich eine grössere Gruppe von Malern, die sich immer wieder am Goetheanum traf, mit der möglichen Ausgestaltung dieser Decke. Unter anderem wurde auch geprüft, ob andere Motive zur Darstellung kommen könnten – die Erzengel, der Tierkreis oder die Jahreszeiten. Man kehrte aber immer wieder zu den Motiven des Ersten Goetheanums zurück; sie schienen für diesen Ort das Richtige zu sein. Aber bis zum Baubeginn war noch unsicher, ob die Malerei wirklich realisiert werden kann und auch die nötige Unterstützung findet, nicht zuletzt finanziell. In unserer Zeit genauso wie in gewissen historischen Perioden gibt es Menschen, die ohne Bilder leben möchten, die bilderfeindlich oder gar bilderstürmerisch sind, die ihre spirituellen Erfahrungen nur im Innern erleben wollen und die sich durch das äussere, spirituelle Dimensionen darstellende Bild gestört fühlen. Die Überzeugung, dass zur Gestaltung der Wände und zu den farbigen Glasscheiben, entsprechend der Gestaltung im Ersten Goetheanum, als Drittes auch die Deckenmalerei dazukommen soll, setzte sich dann aber durch.

Aus der Gruppe der Maler kristallisierte sich eine kleine Schar von sieben Malern heraus, die nun zusammen das gewaltige Werk – 560 m^2 Deckenmalerei – anpacken sollten. Drei Monate gab man ihnen Zeit. Von den Gerüsten aus waren sie aber so nahe an den grossen Darstellungen, dass ein Überblick über das Ganze eigentlich gar nie möglich war. Darum hing sehr vieles davon ab, wie die Arbeit vorbereitet war. Länger als ein Jahr übten die Maler, probten das Malen über Kopf, studierten die Komposition des Ganzen, malten die ganze Decke zweimal im Massstab 1:2, lernten mit den von Günter Meier und seinen Helfern in den eigenen Labors am Goetheanum hergestellten Pflanzenfarben umzugehen. Das alles geschah in der Fabrikhalle, in der gleichzeitig die Eisenplastiken für die Armierung der Wände entstanden.

Die Decke selber ist eine an der Dachkonstruktion befestigte herabgehängte Konstruktion, bestehend aus einem groben Stahlgitter, dann mit millimetergenau herabgehängten Armierungen und einem Netz, durch das eine Mischung aus Gips, Kalk und Sand aufgespritzt ist. Die Armierung und das Netz befinden sich nach dem Spritzvorgang ungefähr in der Mitte der 3–4 cm dicken Decke. Die ganze in einem Stück zusammenhängende Decke musste auch in einem Zuge gespritzt werden, eine Meisterleistung der Gipserfirma, die diese Aufgabe mit 16 Mann an einem Tag von morgens sechs Uhr bis nachts um ein Uhr schaffte. Auf die Decke wurde nach dem Austrocknen eine ca. 10 cm dicke Schicht ganz leichtes Isoliermaterial aufgeblasen, nach unten hin folgten mehrere Schichten Grundierungen als Vorbereitung für den Pflanzenfarben-Auftrag.

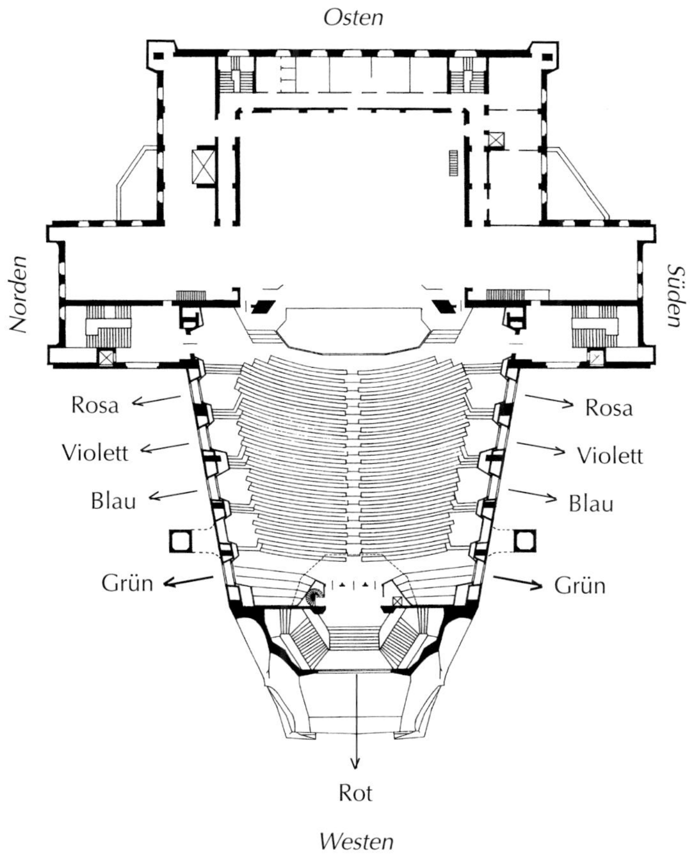

Individuelle Entwicklung – die Glasfenster

Je weiter die Welt- und Erdentwicklung fortgeschritten ist, desto mehr verlagert sie sich von einer Stammes-, Volks-, Familien- und Kulturentwicklung zur individuellen Entwicklung des einzelnen Menschen. Hier hängen die weiteren Schritte nicht mehr von schaffenden Wesen ab, die von aussen auf den Menschen wirken, sondern einzig und allein vom Menschen selbst. Der Weg, den der Mensch in seinem Streben nach Erkenntnis und Entwicklung geht, ist das Thema der farbigen Glasfenster.

Das rote Fenster

Der Mensch, der seinen Schulungsweg beginnt, ist zunächst mit den Kräften konfrontiert, die aus seinem eigenen Seelenwesen als Angst, Hass, Spott und Zweifel im Bild von gräulichen Tieren aufsteigen und ihm einen offenen Blick in die geistigen Wirklichkeiten versperren (linkes Bild). Hat er diese Kräfte überwunden, beginnt ein freier Ausblick auf die Wesen in geistigen Höhen (rechtes Bild). Schreitet der Mensch nun vorwärts auf seinem Schulungsweg, so fangen seine übersinnlichen Wahrnehmungsorgane an sich zu öffnen und aktiv zu werden, dargestellt in den Lotusblumen auf der Stirne und im Kehlkopfbereich des mittleren Antlitzes. Er wird sich seines Zusammenhanges mit dem Kosmos bewusst, angedeutet in den Tierkreisbildern des Löwen und des Stiers sowie im Saturn. Aber ohne inneren Mut, auf den die schlichte Darstellung von Michael mit dem Drachen im untersten Teil hinweist, ist ein solcher innerer Weg nicht möglich.

Grüne Fenster

Als erstes wird der Geistesschüler auf seinem inneren Weg in der Auseinandersetzung mit dem Bösen herausgefordert. Es erscheint in zweifacher Gestalt, einmal als kalte scharfe Intelligenz im Bild der den ganzen Kosmos umfassenden Schlange mit stechenden Augen und als in die Erde sich bohrende elementarische Wesen im grünen Nordfenster, das andere Mal, im grünen Südfenster, als verlockend schöner Engel, der den Menschen Erkenntnis und Selbständigkeit gibt, ihm aber auch den Zusammenhang mit der geistigen Welt durchschneidet. Beide werden in der Tradition trotz ihrer Gegensätzlichkeit als Teufel bezeichnet. Frühere Bezeichnungen wie Teufel und Satan, Diabolos und Satanas deuten aber darauf hin, dass sie in ihrer Unterschiedlichkeit verstanden worden sind. In der Anthroposophie werden sie Ahriman und Luzifer genannt.

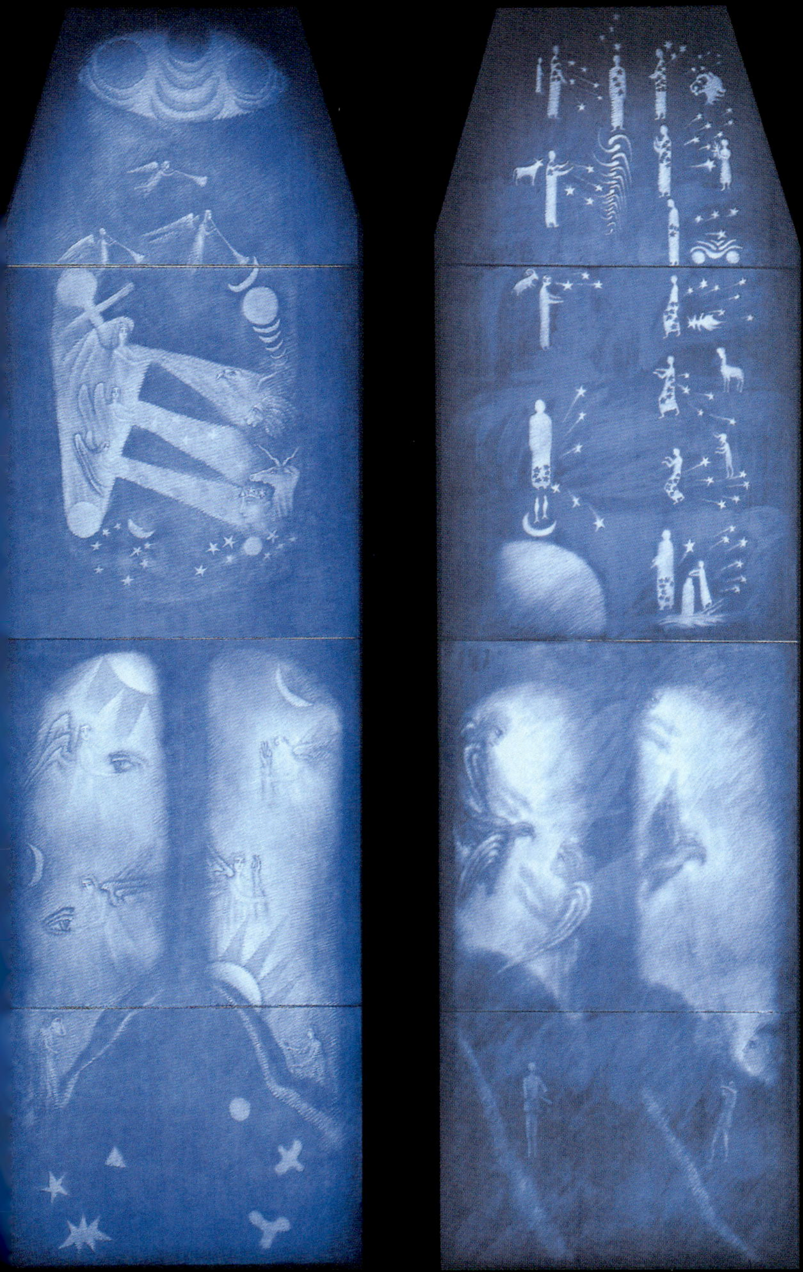

Blaue Fenster

Als nächstes taucht der Geistesschüler in die Geheimnisse des Raumes ein, wo ihm der Zusammenhang zwischen Makrokosmos und Mikrokosmos erfahrbar wird. Der Leib des Menschen ist aus den Kräften des Tierkreises aufgebaut, in der Darstellung des blauen Südfensters wird im Detail gezeigt, wo welche Tierkreiskraft am Aufbau des Leibes gewirkt hat. Im Nordfenster hingegen wird auf den Zusammenhang der menschlichen Sinnesorgane mit dem Kosmos hingewiesen, stellvertretend repräsentiert durch Auge und Tastsinn.

Violette Fenster

Hier geht es um die Geheimnisse der Zeit, um den Weg von Seele und Geist durch die Zeitenläufe. Durch Rudolf Steiner wurde eine alte Selbstverständlichkeit, die in den westlichen Kulturen – aus guten Gründen – völlig verloren gegangen war, wieder ins Bewusstsein gerückt, die Tatsache nämlich, dass der innerste Kern des Menschen, seine Geistseele, nicht nur einmal in einem menschlichen Leib wohnt, sondern sich in grösseren Abständen immer wieder verkörpert. Durch eine lange Reihe von Inkarnationen erobert sie sich so Fähigkeiten, Lebenserfahrungen und Entwicklungen, die in einem einzigen Leben nie erreicht werden könnten. Damit verbunden ist die Erkenntnis, die zugleich als tief empfundene Lebenswirklichkeit erlebt werden kann, dass der eigentliche Mensch, der Teil des Menschen, der sein innerstes «Ich» bildet, unteilbar und nicht zerstörbar ist und dass die körperliche Existenz nur eine Umkleidung für diesen Wesenskern ist. Dieser Vorgang ist vergleichbar damit, wie der Mensch am Morgen seine Kleider anzieht, um sie am Abend wieder abzulegen. Im violetten Südfenster ist nun im Bilde dargestellt, wie sich die Geistseele aus der geistigen Welt auf den Weg macht, das heisst aus der Welt, in der sie sich zwischen Tod und neuer Geburt befindet, hinein in die irdische Welt. Zunächst schaut die Geistseele – ganz oben im Bilde als Januskopf dargestellt – in ihre

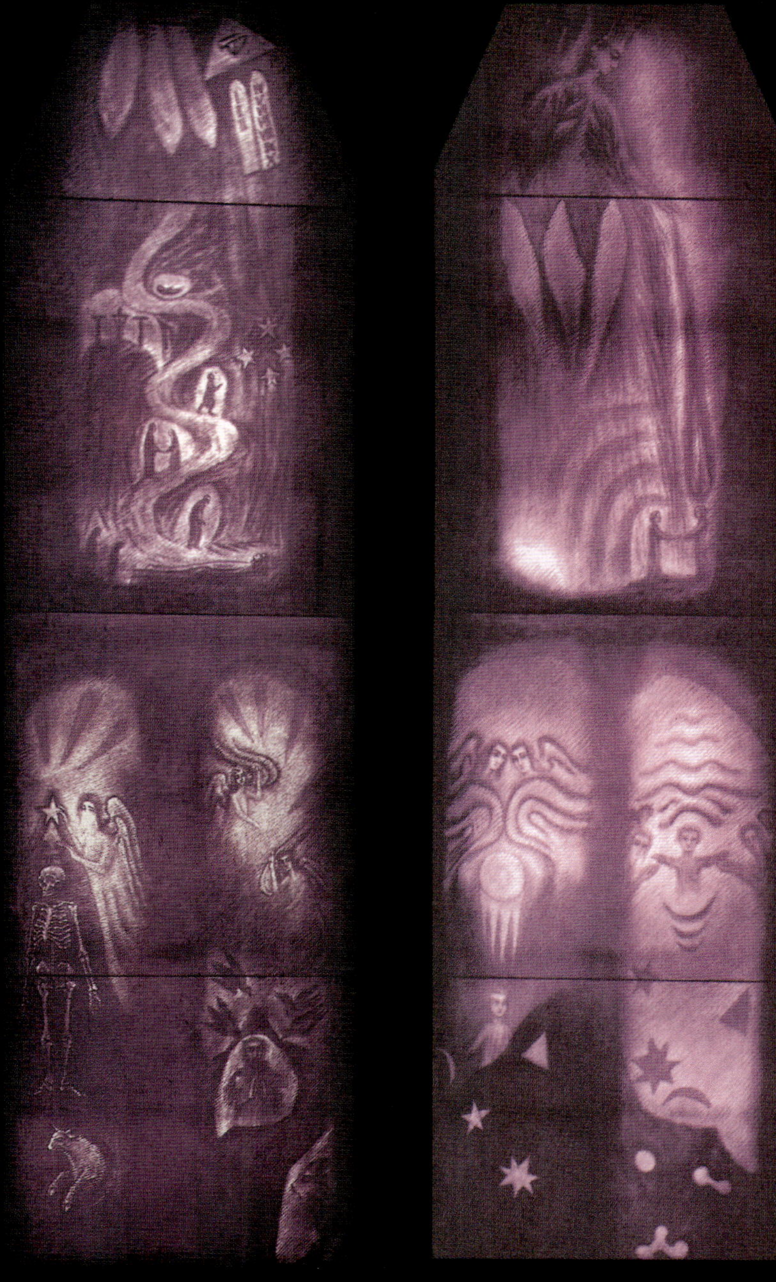

Vergangenheit, zurück auf das bisher Erworbene und gleichzeitig in die Zukunft hinein, nach unten zu einem Elternpaar hin, das ihm einen leiblichen Keim zur Verfügung stellt. Geistig-seelisch ist dieses Wesen, das sich da zu einer Inkarnation anschickt, an der Begegnung des Elternpaares bereits beteiligt. Mit andern Worten – so die Bilder der unteren Hälfte des violetten Südfensters – verbindet sich die von oben herunterkommende, von Schutzengeln begleitete Geistseele mit dem von unten her von den Eltern zur Verfügung gestellten keimenden und wachsenden Körper. Aufgabe der ersten zwanzig Lebensjahre ist nun einerseits, die Geistseele wieder an irdische Verhältnisse zu gewöhnen, und andererseits, den Leib zu einem brauchbaren Instrument für die weitere geistig-seelische Entwicklung zu machen.

Mit dem Tode löst sich die Geistseele wieder aus dem Leibe heraus und geht – so die Beschreibungen der Vorgänge, die in der ersten Zeit nach dem Tod erlebt werden – in der Erinnerung das ganze Leben zurück. Der Weg der Geistseele beginnt also mit dem Tod, im Bild mit dem im violetten Nordfenster dargestellten Leichnam, um den herum die Angehörigen stehen. Von da aus geht der Weg rückwärts zum alten Manne, zum reifen Menschen in Partnerschaft, zum Jüngling, weiter zum Säugling und von da aus in die höheren Sphären der Geisteswelt. Auf diesem Weg begegnet der Mensch der Frage, wie er zu Christus und zum Vatergöttlichen – angedeutet in den Kreuzen von Golgatha und in den Gesetzestafeln – steht. Nach Zeiträumen, die sich nach vielen Jahrhunderten bemessen, beginnt ein neuer Abstieg zur Erde hin.

Rosa Fenster

Hier geht es um Dimensionen, die jenseits von Raum und Zeit mit rein geistigen Zielen der Menschen- und Weltentwicklung zu tun haben, mit der Frage, wie Mensch und Welt gebaut wird, welchen Geistwesen der Mensch in seiner innersten Meditation begegnet – soweit eine Andeutung zum Südfenster. Noch geheimnisvoller sind die Andeutungen des Nordfensters zur Frage, wie der Mensch Christus erlebt und wie sich Christus gegenüber den beiden im grünen Fenster bereits einmal dargestellten beiden Wesen Luzifer und Ahriman verhält.

Die Reihe der neun Fenster, die mit den gleichen Motiven auch im Ersten Goetheanum ausgeführt waren, findet ihren Abschluss in der plastischen Gruppe des Menschheitsrepräsentanten, die für den Hintergrund der Bühne vorgesehen war. Wir werden diesem Kunstwerk auf dem weiteren Rundgang im Ausstellungsraum begegnen.

Ein ganz besonderes Phänomen von farbigem Licht mit farbigen Schatten in den Gegenfarben und vielfältigen Mischungen von Farblicht mit gegenfarbigen Schatten ergibt sich im Saal, am eindrücklichsten erlebbar am frühen Nachmittag in der Winterszeit, wenn die Sonnenstrahlen auch die Nordseite des Saales in ein helles Licht tauchen.

Assja Turgenjewa, eine russische Künstlerin, die schon beim Bau des Ersten Goetheanums mitarbeitete und dann jahrzehntelang in Dornach wirkte, hat die Glasfenster in den 30er Jahren geschliffen. Das rote Fenster wurde als letztes dieser ganzen Reihe an Pfingsten 1945, also erst 17 Jahre nach der Einweihung, fertiggestellt und eingesetzt. Die Gläser, etwa 17 mm dicke durchgefärbte Glasplatten, wurden in einer Glasmanufaktur in Frankreich hergestellt. Die Farbe haben sie durch Zusätze von verschiedenen Metallen und Metallsalzen bekommen, das rote Fenster zum Beispiel durch Zusatz von geringen Mengen von Gold, das grüne durch Zusatz von Eisensalzen. Die Formen wurden mit einem Schleifkopf auf beweglicher Welle herausgeschliffen – man kann sich das ähnlich wie einen wassergekühlten Zahnarztbohrer vorstellen, nur um einiges grösser. Um Spannungsrisse durch die Erwärmung zu vermeiden, musste das unter fliessendem Wasser geschehen. Für den Stil der Ausführung hatte Rudolf Steiner noch vor seinem Tod Assja Turgenjewa die Anregung gegeben, die Schraffurtechnik zu verwenden, die auch im Zeichnen verwendet wird. Im Ausstellungsraum kann man an einem Probestück, auf dem ein Detail des grünen Südfensters abgebildet ist, aus der Nähe sehen, wie die Arbeit ausgeführt ist.

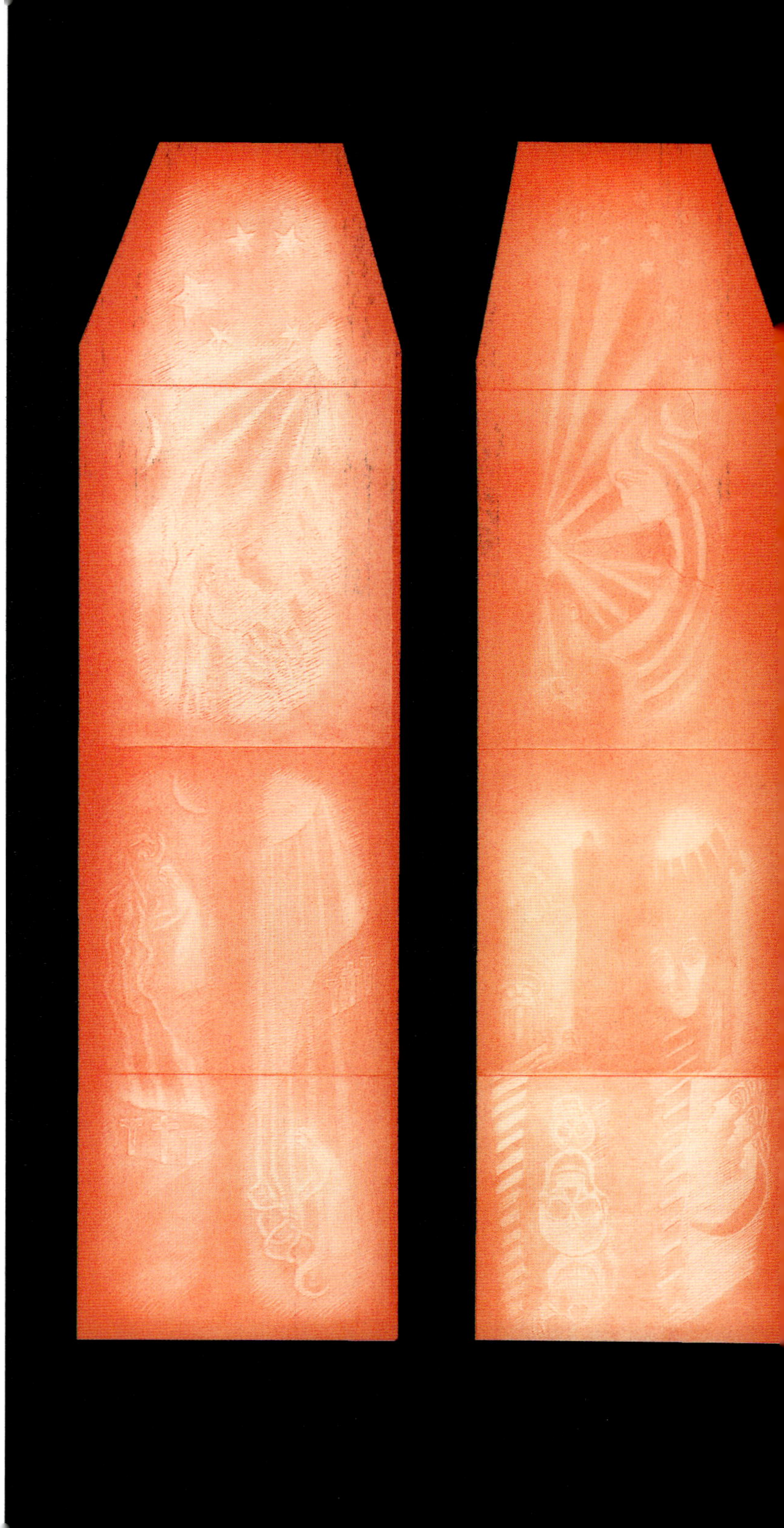

Zur Akustik des Saales

Mancher Besucher mag sich fragen, was die mit hohen Holzstäben strukturierten Wände seitlich der Bühne, über den vorderen Eingängen, zwischen den hinteren Fenstern und neben der Orgel bedeuten. Diese Wandpartien sind schallschluckend konstruiert, um unerwünschte Echobildungen zu vermeiden. Auch weitere wesentliche Details des Saales führen auf Überlegungen des Akustikers zurück: die genau berechnete konvexe Wölbung der breiten Pfeiler seitlich neben der Bühne, des Baldachins über dem Proszenium, der vordere Teil der Deckenform und manches andere. Bei der Projektierung war es spannend mitzuverfolgen, wie jede neue Anforderung, die sich aus der Akustik ergab, den Bildhauer und den Architekten wieder neu herausforderten, diese Anforderungen künstlerisch und technisch so umzusetzen, dass der Eindruck des Ganzen erhalten bleibt. So kommt es, dass der heutige Besucher kaum ahnt, in welch hohem Masse hier Kunst, Architektur und Ingenieurtechnik ineinandergreifen.

Das Ergebnis in Bezug auf die Akustik ist im Vergleich zu allen früheren Versuchen im Grossen Saal wesentlich besser. Die Akustik für Musik kann sogar als hervorragend bezeichnet werden. Feinste, subtilste, kaum hörbare Töne sind im ganzen Saal gleichmässig hörbar – und grosse Symphonieorchester oder Chöre füllen den Saal mit mächtigen Klängen, ohne dass der Hörer erschlagen wird. Für die Sprache gilt allerdings sowohl beim Schauspiel als auch bei den Vorträgen, dass eine hohe Kultur des Sprechens und des Zuhörens nötig ist, um zu verstehen und verstanden zu werden. Entscheidend dabei ist eine hohe Intentionalität, wirklich zum Zuhörer sprechen zu wollen und wirklich den Sprecher hören zu wollen. Das ist heute eine unzeitgemässe Forderung. Allerdings wird in vielen Situationen in Kombination mit der auf Infrarot basierenden Übersetzungsanlage, mit der in fünf Sprachen simultan übersetzt werden kann, auch die Möglichkeit angeboten, die gleichen Geräte als Hörhilfen zu verwenden.

Die Holzarbeiten im Saal

Wenn ein Bauwerk als Gesamtkunstwerk – wenigstens dem Versuch nach – geschaffen werden soll, dann geht es in Gestaltungsfragen bis ins Detail: bis zur Türklinke, bis zur Form der von der Gebäudeversicherung verlangten grünen Lampe zur Kennzeichnung der Ausgänge, bis zur Form des Türchens in den Pfeilern, hinter dem Scheinwerfer für die Beleuchtungsanlage bereitstehen.

So sind auch die grossen Saaltüren und der Orgelprospekt Teil dieser Gesamtgestalt, ausgeführt in heute nur noch selten verwendetem Ulmenholz, während die Proszeniumswand in Eichenholz ausgeführt ist. Die Schnitzarbeiten wurden von der oben beschriebenen Werkgemeinschaft ausgeführt. Die junge Firma Baukunst, die von zunächst in der Werkgemeinschaft tätigen Mitarbeitern gegründet worden war, lieferte die Rohlinge der Türen und des Orgelprospekts.

Die Orgel

In den 1950er Jahren wurde die Orgel eingebaut. Es ist ein der musikalischen Richtung nach neuromantisches Instrument der Orgelbaufirma Kuhn in Männedorf in der Schweiz. Im Zusammenhang mit der Neugestaltung des Saales 1996–98 wurde das Instrument ausgebaut und total revidiert, im Jahr 2000 wieder eingebaut und bekam 2003 einen neuen Spieltisch. Die Orgeltöne entsprechen einer traditionellen Klangvorstellung. Der Versuch, zu neuen Klangbildern und Klangvorstellungen zu kommen, wie er sonst intensiv von Musikern in der anthroposophischen Bewegung unternommen wird, hat an dieser Stelle nicht gegriffen. Das Orgelgehäuse ist, wie oben erwähnt, der Neugestaltung des Saales entsprechend, 1998 in Ulmenholz geschnitzt worden.

Die Bühne

Hinter dem Bühnenvorhang verbirgt sich ein Bühnenraum von gewaltigem Ausmass: 19,4 m tief, 23 m breit und 21,4 m hoch bis zum Schnürboden, darüber nochmals ein Zwischenraum bis zum Dach. Bis etwa 1960 war es – so sagte man – die grösste Bühne Europas, später erst wurden noch grössere gebaut. Dazu kommen rechts und links im Nord- und im Südflügel die beiden Seitenbühnen, wo Kulissen und Requisiten vorbereitet und durch weit geöffnete Tore auf die Bühne verschoben werden können. Der Schnürboden ist, bei einer Höhe des gebauten Bühnenmundes von 12 m, doppelt so hoch wie die je nach Inszenierung variable Bühnenöffnung in der Höhe von 7 bis 10,5 m, sodass Bühnenbilder und Vorhänge, Schleier und hängende Dekorationen an den vielen Zügen hinaufgezogen werden können. Der Bühnenboden hat in der Höhe verschiebbare Teile zur Versenkung oder zur Bildung von erhöhten Ebenen. An den Wänden sind einige mechanische Geräuschgeräte angebracht – Regen durch eine Kiestrommel, Donner durch in einem hölzernen Kanal fallende Stahlkugeln.

Die Bühnentechnik geht in der Grundstruktur auf die Anfangsjahre nach 1928 zurück, wurde immer wieder erweitert und ergänzt, konnte aber leider im Zusammenhang mit den Bauarbeiten von 1996–98 mit Ausnahme der Elektroinstallationen nicht total erneuert werden. Dazu fehlten einerseits die Mittel, andererseits fehlte aber auch ein klares, gemeinsam erarbeitetes Konzept, das mit Überzeugung hätte durchgezogen werden können. Hier steht noch eine grosse Aufgabe bevor.

Ein besonderer Bühnenbereich hat sich aber durch alle Jahrzehnte hindurch immer durch höchsten Stand der technischen Entwicklung ausgezeichnet – die Beleuchtung. Zur Zeit wird mit modernsten steuerungstechnischen Anlagen eine Fülle von über 600 Stromkreisen genutzt. Eine Spezialität der Beleuchtungstechnik am Goetheanum ist die Bemühung, den Bühnenraum in farbiges flutendes Licht zu tauchen. Für die Beleuchtung der Eurythmie geht es nicht um Scheinwerfer und gezieltes Spotlicht, sondern um grosszügig gleichmässig ausgeleuchtete Räume. Die farbigen Kleider der Eurythmisten werden dabei in einen Farbraum getaucht, der zu ungeahnten Veränderungen des Farbeindruckes eines Kleides führt, je nachdem, ob dieses sich in grünem, blauem, violettem, rotem, gelbem oder weissem oder wie auch immer gemischtem Farbraum bewegt. Wichtig dabei ist im weiteren, dass dieser Farbraum dann auch noch nach rechts und links, nach oben und unten, nach vorne und hinten differenziert werden kann. Die Lichtanlage, zu der auch Scheinwerfer in der Beleuchtungsbrücke, dem Bereich an der Decke rechts und links der Zentralleuchte, und in den seitlichen Pfeilern gehören, wird von der Beleuchterkabine aus gesteuert, die sich auf der rechten Seite unter der Empore hinter den hintersten Zuschauerreihen befindet.

Wie erfährt man, was wann auf der Goetheanum-Bühne aufgeführt wird?
Monatsprogramme mit einer Vorschau liegen jederzeit im Haus an den Infostellen auf. Mit einfacher Postkarte kann man sich für die regelmässige Zusendung dieser Programme melden. Dazu erscheint das Veranstaltungsprogramm regelmässig in der Lokalpresse. Auf der Website www.goetheanum.org finden sich alle Veranstaltungen – Aufführungen, Konzerte, Kurse, Vorträge, Tagungen, Ausstellungen – so weit in die kommenden Monate hinein, wie sie schon festgelegt sind. Alle Veranstaltungen sind öffentlich und frei zugänglich, soweit nicht für Fachtagungen und Kurse bestimmte Voraussetzungen erfüllt sein müssen.

In der Geschichte der Goetheanum-Bühne gibt es einige besonders markante Ereignisse. Da waren als erstes die vier Mysteriendramen von Rudolf Steiner, die in den Jahren 1910–1913 in München zur Aufführung gekommen waren. Ab 1928 wurden sie neu, von Marie Steiner inszeniert, auf der Goetheanum-Bühne aufgeführt, im Sommer 1934 zum ersten Mal alle vier in einem Aufführungszyklus. Das zweite ist die erste Gesamtaufführung von Goethes «Faust I» und «Faust II» im Jahre 1938. Goethe selber hatte ja das Manuskript für seinen «Faust II» versiegeln lassen, es durfte erst nach seinem Tode geöffnet werden. 1854 wurde «Faust II» in Hamburg uraufgeführt, im übrigen blieb es aber während Jahrzehnten ein nur in der Literatur, nicht auf der Bühne existierendes Werk, das als nicht aufführbar galt. Die Eurythmie gibt so viele Möglichkeiten, scheinbar nicht Darstellbares doch darzustellen, dass in der Verbindung von Schauspiel und Eurythmie der Versuch einer ungekürzten Gesamtaufführung gewagt werden konnte.

Seither gehören die Mysteriendramen und «Faust» zu den regelmässigen Aufführungen, die im Abstand von jeweils drei bis fünf Jahren auf dem Spielplan des Goetheanums sind. Konzerte und Gastspiele gehören ebenso zum Programm.

Das Erdgeschoss

Die klare Trennung des ganzen Gebäudes in Westhälfte und Osthälfte kann man auch im Erdgeschoss wahrnehmen: im Ostteil sind alle internen, zur Bühne gehörigen Räume und die Bühnen selber, im Westteil die dem Publikum zugänglichen Räume: Eingangsbereich im Westen, Empfang im Süden, Cafeteria in der Wandelhalle, Garderobe unter den Westtreppen und darum herum die Buchhandlung, das Tagungsbüro, der Empfang als Informationsstelle mit Postkartenverkauf und Anlaufstelle für die Führungen sowie das Gesellschaftssekretariat und die Büros von drei Sektionen der Hochschule. Im Erdgeschoss befinden sich aber auch drei Säle: der Grundsteinsaal, der Terrassensaal und der Englische Saal.

Grundsteinsaal, Englischer Saal und Terrassensaal

Der Grundsteinsaal hat – ohne die Bühne – genau die Fläche, die zwei Stockwerke darüber die grosse Bühne mit der Vorbühne, dem sogenannten Proszenium, einnimmt. Während der Planungsphase war er als Probenbühne gedacht und hat daher das gleiche Ausmass wie die Bühne. Den Künstlern war aber dieser Raum ohne Tageslicht mit einer vergleichsweise sehr niedrigen Raumhöhe zum Üben unangenehm, sodass er kaum je für diesen Zweck verwendet worden ist. 1952 entschloss man sich für den weiteren Ausbau dieses Raumes zu einem «kleinen» Saal mit «nur» 450 Plätzen. Dazu war nötig, im Bereich der östlichen Terrasse eine Bühne einzubauen, die heute ebenfalls mit technischen Einrichtungen für Theater ausgerüstet ist. Als in wirtschaftlich schwierigeren Zeiten die Mittel für das Beheizen des Grossen Saales eingespart werden mussten und die Besucherzahlen geringer waren, fanden die meisten Veranstaltungen hier statt. Aber auch heute werden intimere Theateraufführungen, Studienabschlüsse und Konzerte sowie viele Vorträge, besonders im Rahmen von Tagungen, hier durchgeführt.

Der Grundsteinsaal konnte in den Jahren 1989 bis 1991 renoviert und weiter ausgestaltet werden. 1990 hat dazu Gerard Wagner (1906–1999) Motive von Skizzen Rudolf Steiners in grossflächigen Wandmalereien gestaltet, der gleiche Künstler, der im von Rex Raab (1914 bis

2004) in den Jahren 1969 bis 1971 ausgebauten Englischen Saal die Wandmalerei ausgeführt hatte. Dieser Englische Saal wird als Vortrags- und Vorlesungssaal genutzt. Die Bezeichnung hat dieser Saal erhalten, weil insbesondere Freunde aus England den Ausbau durch Schenkungen finanziert haben.

Der dritte Saal im Erdgeschoss, der sehr einfach ausgestattete Terrassensaal, der für Arbeitsgruppen, Kurse und Vorträge genutzt wird, ergibt zusammen mit dem Durchgangsbereich zum Nordflügel einen Bereich für wechselnde Ausstellungen – oft von der Sektion für Bildende Künste organisiert, oft auch im Zusammenhang mit Fachtagungen. Andere ebenfalls wechselnde Ausstellungen, aus der Kunstsammlung am Goetheanum oder aus Archivmaterial zusammengestellt, werden im sogenannten Zwischengeschoss – zwischen Erdgeschoss und Saal – gezeigt.

Südflügel und Nordflügel

Auf die verschiedenen Ausbauphasen des Südtreppenhauses (1930, 1951 und 1993 ausgeführt) als Beispiel des schrittweisen Ausbaues des Goetheanums wurde bereits hingewiesen. Nimmt man dazu noch die Säle, die vom Südtreppenhaus erschlossen sind – im 1. Stock der Konferenzraum (1981), im 5. Stock der Ausstellungsraum (1935) und im 6. Stock das sogenannte Südatelier (1993) –, und vergleicht sie mit dem Nordtreppenhaus (1987–1991), mit dem Nordsaal im 5. Stock (1986) und dem Nordatelier im 6. Stock (1987), so kann man erleben, wie die verschiedenen Generationen von Architekten jeweils aus ihrer Zeit und ihrem individuellen Gestaltungsvermögen heraus gebaut haben. Das geschah immer im Bemühen, aus dem Ganzen des Stiles des Goetheanums organisch etwas hineinzufügen, was einerseits zum Ganzen passt und andererseits doch jedesmal ein besonderes Gepräge findet.

Allen gemeinsam ist die Farbgebung. Während noch in den 50er Jahren überall das Grau des Betons auch im Inneren des Baues vorherrschte, kam nun schrittweise überall Farbe hinein. Ganz besonders an der Farbgestaltung des Nordtreppenhauses kann exemplarisch studiert werden, wie von der Technik des Lasierens und der fliessenden Übergänge von einer Farbe in die andere eine Wirkung ausgeht, die die Wand nicht im gleichen Sinne als abschliessende Wand erleben lässt wie wenn sie mit einer dichten, abschliessenden Farbe bemalt ist, sondern wie sie eine gewisse Durchlässigkeit und Weite empfinden lässt. Hier wurde bereits in Zeiten des vorherrschenden Weiss, Grau und Schwarz der Mut zur Farbe praktiziert und gezeigt, welche Wirkung auf das seelische Erleben des Menschen ausgeht. Der Farbgestalter Fritz Fuchs aus Schweden (*1937) war massgeblich an den in den 80er Jahren ausgeführten Farbkonzepten beteiligt.

Versteckte Bereiche

Hinter, über und unter den dem Publikum zugänglichen Räumen befinden sich noch viele weitere Räume, Nischen, Korridore und Treppenhäuser. Zuerst einmal der Hohlraum um den Grossen Saal herum. Zwischen Decke und Dach ist ein grosser Zwischenraum, der stellenweise bis zu sieben Meter erreicht. Gewaltige Binder überspannen das Ganze und tragen das Dach, an die Binder sind die Stahlstäbe zur Aufhängung der Decke befestigt. Auch die grosse Beleuchtungsbrücke mit der Zentralleuchte ist hier aufgehängt. Seitlich geht dieser Hohlraum über in die überhängenden Bereiche und die freistehenden Säulen auf der Terrasse, die aber interessanterweise keine statische Funktion haben, die also nichts tragen. Treppen verbinden im Bereich der Terrassensäule die oberste Plattform mit den zwei Requisitenlagern, die im Zusammenhang mit der Neugestaltung des Saales zwischen den Architraven und der Aussenwand, also über den Tordurchgängen zu den Sitzplätzen zwischen Pfeilern und Aussenwand, entstanden sind. Hier sind einige tausend Theaterkostüme sowie Requisiten gelagert, von Elfenflügeln bis zum Totenschädel, der in Fausts Studierzimmer auf dem Tisch liegt. Von da aus existieren Zugänge in die etwa 80 cm breiten Zwischenräume, die zwischen den farbigen Glasfenstern und den schützenden Panzergläsern der Aussenfenster sind. Ebenso kommt man von hier aus in die Pfeiler, in denen Beleuchtungskörper für die Bühnenbeleuchtung bereitstehen, sowie in die Kuppel über dem Westtreppenhaus. Eindrücklich kann hier oben die konstruktive Leistung der Erbauer wahrgenommen werden.

Auf allen drei Seiten des Bühnenturmes befinden sich weitere Räume, die teilweise als Lagerraum für Kulissen, teilweise als Garderoben, teilweise als Büros genutzt werden. Die Geschosse sind durch zwei Treppenhäuser erschlossen, die nur für Mitarbeiter und Mitwirkende auf der Bühne zugänglich sind. (Siehe Grundriss auf Seite 17.) Das nordöstliche Treppenhaus ist bis heute noch nicht über den Rohbauzustand von 1928 hinausgekommen – die rohen Eisenarmierungen des Treppengeländers warten noch immer auf den Gipser, resp. auf den Spender der Mittel zur Fertigstellung. Die drei je 10 Meter hohen Kulissenlager nördlich der Grundstein- und der grossen Bühne sind durch einen gewaltigen, ebenso hohen Warenlift miteinander verbunden, der aus den Anfangszeiten des Baues stammt und 1997 revidiert wurde.

Dann geht es in den Keller. Das Goetheanum selber ist nur teilweise unterkellert; die Räume sind meist eng und niedrig. Im westlichen Teil bestehen sogar nur Verbindungsgänge für die technischen Leitungen. 1990 und 1997 wurden die Kellerräume unter dem Platz im Norden erweitert. Hier befinden sich jetzt Archive, Lagerräume, grosse Wasserbecken und technische Räume. Von dort aus verbindet schon seit den Zeiten des Ersten Goetheanums ein begehbarer Energiekanal unterirdisch das Goetheanum mit dem Heizhaus, von wo das aufgeheizte Wasser für Heizung und Lüftung kommt.

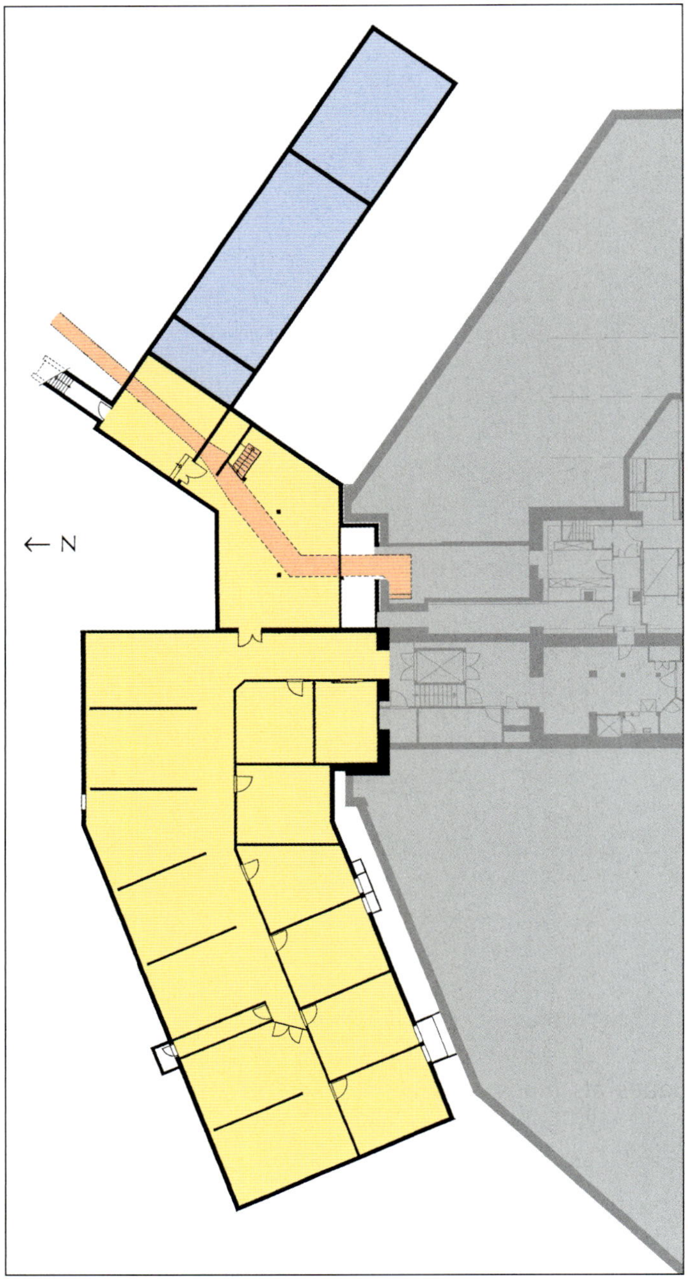

Was es unter den versteckten Räumen nicht gibt und wonach öfters gefragt wird: es gibt weder irgendwelche kirchliche Räume noch Meditationsräume. Das Goetheanum ist ein Theater-, Kultur- und Tagungsbau, keine Kirche. Und zum anthroposophischen Schulungsweg gehören keine Gemeinschaftsmeditationen. Die Meditation gehört in den Bereich der ganz individuellen Schulung. – Dass viele Besucher dennoch in verschiedenen Räumen an Stimmungen, die sie sonst in Kirchen erleben, erinnert werden, liegt daran, dass sie bisher den Hauch von Spiritualität nur in Kirchen erlebt haben, nicht aber in anderen Lebenszusammenhängen.

Blau	Wasserbecken
Gelb	Lagerräume
Orange	Begehbarer Technikkanal zum Heizhaus
Grau	Goetheanum-Bau

Lüftungen und Wasserbecken

Von den zwölf Lüftungsanlagen in verschiedenen Bereichen des Hauses seien zwei kurz beschrieben. Aus dem sogenannten Lichthof, einem freien Raum zwischen Hauptbau und Terrasse im Nordosten, wird im Keller frische Luft angesogen, die nach dem Passieren der Heizaggregate über Kanäle mit sehr grossem Querschnitt unter der Vorbühne vorbei in den Hohlraum unter dem Saalboden geblasen wird. Bei jedem Sitzplatz befindet sich eine runde Auslassöffnung. Grosser Querschnitt der Kanäle und die Verteilung der Zuluft auf viele Öffnungen bezwecken einerseits, dass möglichst wenig Lüftungsgeräusche entstehen – den Lüftungstechnikern waren extreme Anforderungen an die Geräuschlosigkeit der Lüftungsanlage gestellt worden –, und andererseits, dass die Luftströme möglichst langsam fliessen, um nicht das Gefühl zu erwecken, man befinde sich in Zugluft.

Die Luft, die nun so durch den Saal zirkuliert, wird über den Glasfenstern und durch die Zentralleuchte über der Saaldecke wieder gesammelt und durch eine Öffnung aus dem Dach geblasen. Bevor aber die Luft entlassen wird, wird der ausströmenden Luft die Wärme mit Wärmepumpen entzogen, zurück in den Keller geleitet und damit die frische Luft vorgewärmt. Es besteht aber auch die Möglichkeit, die Luft zu kühlen – nicht so, wie man es von Klimaanlagen nach amerikanischem Vorbild gewöhnt ist, wo man im Sommer dann doch seine Jacke wieder holt, aber immerhin so, dass im Sommer die Luft im Saal um 7° C gegenüber der Aussentemperatur reduziert werden kann. Das geschieht unter Ausnützung der zwei grossen Wasserbecken von 160 m³ Regenwasser und 220 m³ Sprinklerwasser. Das Sprinklerwasser ist für die Wassersprühanlage im Rahmen des Brandschutzes vorhanden, da dort im Ernstfall innert kürzester Zeit eine grössere Wassermenge zur Verfügung stehen muss, als das öffentliche Wasserversorgungsnetz zu bringen in der Lage ist. Das zweite Wasserbecken enthält Regenwasser, das von den Dächern und der Terrasse des Goetheanums gesammelt wird und für das Löschwassersystem zur Verfügung steht. Nun wird dieses Wasser aber gleichzeitig am Ende der Feuerlöschleitungen als Toilettenwasser genutzt. Dabei wird mit Hilfe von Wärmepumpen das Wasser des Sprinklerwasserbeckens bis auf ca. 6° C abgekühlt und die überschüssige Wärme ins Regenwasserbecken übergeleitet. Das so in der Nacht mit billigem Nachtstrom abgekühlte Wasser wird dann tagsüber durch die Lüftungsaggregate geleitet und kühlt so die Saalluft um die erwähnten 7° C ab.

Die zweite grössere Lüftungsanlage, die hier erwähnt werden soll, beginnt mit der Luftansaugung an derselben Stelle, führt dann aber in den Garderobenbereich. Ein Teil davon geht weiter durch die Toilettenräume und wird nach oben seitlich im Nord- und Südflügel wieder ausgeblasen, der andere Teil geht ins Westtreppenhaus, von dort ganz oben in den Zwischenraum zwischen Decke und Dach des Grossen Saales und wird dann über das Dach des Südflügels nach aussen abgeführt.

Bei all diesen technischen Anlagen lag den Verantwortlichen der Administration des Goetheanum-Baues sehr viel daran, moderne Technik, ökologische Gesichtspunkte und die architektonischen Anforderungen des Baues als eines Ganzen so nahe zusammenzubringen, wie das eben – mit eingeschränkten finanziellen Ressourcen – möglich ist.

Probleme mit dem Beton

Bei einem Rundgang über die Terrasse soll das Augenmerk noch auf den Beton selber als Werkstoff für das Goetheanum geworfen werden. Es wurde schon erwähnt, wie die dynamischen Formen des Westvorbaues mit Anleihen an die Technik des Schiffsbaus geschalt worden sind. Bei flachen Wandteilen sieht man an vielen Stellen, wie verschieden breite, verschieden lange und verschieden stark gemaserte Bretter für die Verschalung verwendet worden sind. An anderen Stellen hingegen ist die Oberfläche bereits so verwittert, dass die Struktur der Schalbretter verschwunden ist. An einigen wenigen, besonders künstlerisch durchgearbeiteten Stellen ist der Beton gestockt worden, zum Beispiel rechts und links des Westportals auf Terrassenhöhe bei den seitlichen geschwungenen Fenstern. Dadurch erscheinen die Kieselsteine, die sonst nur dank der Verwitterung freigelegt sind. Gleichzeitig entsteht der Eindruck einer monolithischen Ganzheit – im Idealfall könnte man sich vorstellen, dass das ganze Goetheanum gestockt ist.

Bleibt das Goetheanum grau? War das wirklich so vorgesehen?
Der Begriff des Sichtbetons existierte 1928 noch nicht. Es ist nicht bekannt, ob Rudolf Steiner den Beton anschliessend verputzt und den Verputz möglicherweise sogar durchgefärbt oder farbig gestrichen hätte, wie er das bei anderen Bauten machte. In den Akten von damals steht nur, dass «man darüber noch werde sprechen müssen». Inzwischen ist aber der Bau in der Form Geschichte geworden, wie er jetzt dasteht, also ohne Verputz und ohne Farbe. Es bestehen keine Absichten, daran etwas zu ändern. Auf dieser Grundlage erfolgte 1993 der Entscheid der Behörden, den Bau unter kantonalen und eidgenössischen Denkmalschutz zu stellen.

Eine besondere Sorge ist aber die sogenannte Karbonatisierung des Betons. Das ist eine chemische Veränderung, der jeder Beton unterliegt. Sie breitet sich langsam von aussen gegen innen aus. Die Veränderung bewirkt, dass der Beton – ohne jede Beeinträchtigung der Härte, der Statik oder des übrigen Zusammenhaltes – wasserdurchlässig wird. Geht dieser Vorgang einmal so tief, dass die Eisenarmierung im karbonatisierten und damit wasserdurchlässigen Beton liegt, so fangen die Eisen an zu rosten. Der damals mit ziemlich viel Wasser angerührte Beton karbonatisiert relativ rasch. Dazu kommt, dass die

Eisen in sehr ungleichmässigem Abstand von der Oberfläche liegen. Da Rost mehr Volumen einnimmt als das Eisen, fängt es an sich auszudehnen und sprengt dadurch die darüberliegenden Betonteile ab. Der Schaden ist dann also doppelt: einmal verliert das Eisen durch das Rosten seine statische Funktion, hält die Wände nicht mehr zusammen; andererseits wird der Beton wegen der Sprengwirkung rissig und bröckelt weg.

Zur Zeit der Errichtung waren diese Langzeitveränderungen des Betons noch nicht bekannt. Erst seit den 1960er Jahren wurde das Problem Gegenstand wissenschaftlicher Untersuchungen und ungezählter Versuche. Solche Untersuchungen und Versuche wurden auch am Goetheanum vorgenommen. Erste kleinflächige Reparaturen erfolgten Anfang der 70er Jahre, die Gerüste gingen rund um den Bau herum; Ende der 80er Jahre folgte dann die Terrasse, und in den 90er Jahren zeigte sich, dass auch der Hochbau nochmals ganz neu auf dieses Problem hin untersucht und saniert werden muss. In den Jahren 1993–1996 wurde dann der Bühnentrakt, der gestalterisch wenig Probleme stellt, mit einer denkbar radikalen Methode saniert. An allen drei Wänden wurden ca. 5 cm Beton mit Wasserhöchstdruck abgetragen, rostige Eisen ersetzt, eine neue Armierung vorgelagert und dann eine neue, etwa 7 cm dicke Betonschicht gegossen, die so gut wie irgend möglich mit dem bestehenden Beton verbunden werden musste. Für die Schalungen wurden Gummimatrizen hergestellt, die möglichst getreu die Schalmuster von Holz zeigen sollten, um den Charakter der ursprünglichen Oberflächenstruktur zu erzielen. Die jetzt verwendete Betonmischung, vor allem aber die Verarbeitung des Betons beim Einbringen und in den ersten Tagen danach bewirkt, dass ein nächstes Mal die Karbonatisierung erst nach Jahrhunderten das jetzt tief genug gelegte Eisen erreicht.

Diese Methode ist aber für die komplizierten Formen des Nord- und Südflügels und vor allem des Westteils kaum anwendbar. Wie sollten da Schalungsformen gemacht werden, die identisch mit den jetzigen Formen sind? Aus diesem Grund werden seit 1996 weitere Versuche gemacht, für die auch wiederum neue, erst nach der letzten Sanierung entwickelte Methoden in Frage kommen. Einerseits wird versucht, notwendige neue Betonteile nicht zu giessen, sondern zu spritzen. Andererseits gibt es neue Hydrophobierungsmittel – farblose chemische Mittel, mit denen der Beton durchtränkt wird –, die das Wasser abstossen und so den Vorgang des Rostens stoppen.

In den nächsten Jahren ist da ein grosser Handlungsbedarf, wenn nicht das Goetheanum langsam aber sicher schwere Bauschäden erleiden soll. Es muss aber doch gesagt werden, dass die Qualität der damals ausgeführten Betonarbeiten trotz der Pioniersituation und fehlender Betontechnologie ausserordentlich war. Die Folgen der Karbonatisierung sind weit geringer als bei Vergleichsbauten aus derselben Zeit. Zudem gibt es im ganzen Gebäude keine statisch bedenklichen Risse.

Landschaftsgestaltung, Felsli und Gedenkhain

Gehen wir auf der Terrasse nochmals herum, diesmal mit dem Blick auf die unmittelbare Umgebung. Auffallend ist das Felsli im Südwesten des Baues. Zusammen mit den bereits erwähnten Wegen vom Speisehaus herauf zum Goetheanum, der Platzgestaltung um den Bau herum bis zum Rondell im Westen mit dem anschliessenden «Drachenschwanz» gehen diese Formen auf die Landschaftsgestaltung um das Erste Goetheanum herum zurück, die Rudolf Steiner mit der gleichen Sorgfalt wie alle anderen Details des Baues an die Hand nahm. Er ging grosszügig mit der Umgestaltung des Geländes um, der Aushub des Baues wurde nicht – wie das heute geschieht – in weit entfernte Deponien gekarrt, sondern er verwendete das Material kühn für die plastische Gestaltung der Landschaft. Ganz besonders wird dabei durch das Felsli an südwestlicher Lage des Geländes das Ende der Erhebung betont, auf der das Goetheanum steht, bevor es dann hinunter ins Birstal geht. Die Landschaft erhält dadurch noch mehr Spannung; die Beziehung zwischen Bauten und Landschaft wird noch gesteigert.

Einige Jahre nach Fertigstellung des Baues begann das Gras die gestalteten Stufen des Felslis zu überwachsen, sodass in den 1980er Jahren nichts mehr davon sichtbar war; die historischen Fotos waren kaum bekannt. So war es 1991 eine grosse Überraschung, als die Formen freigelegt und öffentlich zugänglich gemacht wurden. Das Felsli wurde gleichzeitig als Beispiel besonderer Landschaftsgestaltung im Zusammenhang mit einem Bau, der als Gesamtkunstwerk verstanden werden kann, unter eidgenössischen und kantonalen Denkmalschutz gestellt.

Vom Goetheanum nach Nordwesten zu, noch vor dem «Rudolf Steiner Halde» genannten Gebäude, liegt ein weiteres bemerkenswertes Fleckchen Erde, der Gedenkhain. Inmitten einiger hoher Kiefern ist ein Ort eingerichtet, in dem die Urnen von Rudolf Steiner, Marie Steiner, Christian Morgenstern und vielen anderen Menschen, die zur Anthroposophischen Gesellschaft oder Bewegung gehörten, beigesetzt sind. Bereits zu Lebzeiten hatte Rudolf Steiner auf den Regalen seines Ateliers mehrere Urnen verstorbener Freunde stehen. Diese Tradition, die Urnen im Atelier aufzustellen, wurde nach seinem Tode weitergeführt. Mit der künstlerischen Ausgestaltung des weiter unten beschriebenen Ausstellungsraumes wurde auch ein kleiner Urnenraum eingerichtet, in dem nun immer mehr Urnen, die meisten davon in der Form eines kupfernen Pentagondodekaeders, deponiert wurden. Im Laufe der Jahrzehnte reichte auch dieser Raum nicht mehr aus, es kamen Schränke und Kellerräume für diesen Zweck dazu, bis sich die Leitung des Goetheanums Ende der 1980er Jahre entschloss, die Asche all dieser Urnen der Erde zu übergeben. Dafür wurde 1991–1993 der Gedenkhain eingerichtet. Wive Larsson, ein schwedischer Künstler, gestaltete die Skulptur, die jetzt zwischen den Kiefern steht. Für den Bronzeguss wurden die Urnen ver-

wendet, deren Asche hier der Erde übergeben worden war. Christian Hitsch führte mit Helfern die Steinplatte aus brasilianischem Granit mit der Inschrift und dem Rosenkreuz aus. Die Gestaltung des Gedenkhains, wie er sich heute zeigt, ist erst im Jahr 2003 ausgeführt worden.

Die rund 12 Hektaren Gelände, die zum Goetheanum-Campus gehören, sind nun in vielfältiger Weise im Laufe der Jahrzehnte gestaltet worden. Beginnend mit klaren, dem Bau entsprechenden winkligen Formen und einem harten Bodenbelag unmittelbar um das Goetheanum herum, lässt die gestalterische Durchdringung des Gartens, je weiter wir uns vom Goetheanum entfernen, zugunsten einer scheinbar ungelenkten Naturentfaltung nach. Die biologisch-dynamisch gepflegten Garten-, Rabatten- und Wiesenflächen enthalten eine einmalige Fülle an einheimischen Pflanzen und – insbesondere auf den Wiesen im Westen und Südosten des Felslis – eine bedeutende Artenvielfalt an Kleinfauna: Heuschrecken, Grillen, Raupen und Schmetterlinge in zum Teil seltensten Arten. Im Hauptbereich der Gärtnerei im oberen Teil des Geländes werden Gewürzkräuter, Färberpflanzen, Heilkräuter, Gemüse und Blumen angepflanzt. Es wird angestrebt, das ganze Jahr hindurch den Blumenschmuck für die Räume im Goetheanum aus diesem eigenen Anbau zusammenzustellen. Gemüse wird ans Speisehaus geliefert oder vor Ort verkauft.

Während zu Beginn des 20. Jahrhunderts auf dem ganzen Gelände die für die Gegend typischen Kirschbäume standen, wachsen jetzt eine Fülle von verschiedenen Sorten. Leider wurden aber eine Zeitlang auch viele nicht zur Landschaft passende Nadelbäume gesetzt, im Nordosten des Baues sogar auf Forderung der Behörden hin, «um den Anblick des hässlichen Goetheanums zu verbergen». Noch 1995 umstanden riesenhoch gewachsene Douglas-Fichten die Schreinerei. In den letzten Jahren konnte diese Fehlentwicklung weitgehend korrigiert werden, auch wenn sich manche Freunde des Geländes heftig gegen das Baumfällen wehrten. Dass aber das Goetheanum in seiner architektonischen Gestalt von Westen her nicht mehr sichtbar ist, weil der Eichenwald am westlichen Abhang sehr hoch gewachsen ist, lässt sich nicht mehr korrigieren, da dieser Wald dem Waldschutzgesetz unterstellt worden ist.

Zum Gelände gehören auch eine Reihe von Skulpturen, die an prägnanten Punkten des Geländes aufgestellt sind. Die Plastik von Wive Larsson und die Steinplatte im Gedenkhain sind schon erwähnt worden. Nicht weit davon entfernt stehen eine Engelgestalt und die Plastik «Lebenslinie» von Gero Müller-Goldegg. An prägnanter Stelle zwischen Schreinerei und Haus Schuurman steht der mächtige «Engel von Zervreila» von Raoul Ratnowsky (1912–1999). Neben der Keplerwarte bezaubern die vier feinen Sonnenscheiben auf Stelen von Mirela Faldey, Entwurf Christian Hitsch.

Die Gebäude auf dem Gelände

Die Schreinerei

Die Schreinerei ist bereits 1913 als Provisorium für die Schreiner- und Zimmerarbeiten des Ersten Goetheanums gebaut worden, ein einfacher Nutzbau, barackenähnlich, ohne Fundamente direkt auf den Lehm gestellt ausser dort, wo schwere Maschinen standen, die eine solide Unterlage brauchten. Die Schreinerei nimmt heute eine recht grosse Fläche von über 2800 m² ein, in den Anfangsjahren war es etwas weniger. Unter drei Dachfirsten gegliedert waren die Maschinen-, Bearbeitungs- und Lagerräume. Doch bald bekam die Schreinerei noch eine ganz andere Bedeutung. Rudolf Steiner fing an, für die Mitglieder regelmässig Vorträge zu halten, später auch für die Bauarbeiter. Auch Proben von Eurythmieaufführungen fanden hier statt, solange der erste Bau noch nicht fertig war. Rudolf Steiner richtete sich sein eigenes Atelier ein, zu dem im Frühling 1916 noch ein zweites unmittelbar daneben kam, das sogenannte Hochatelier mit einer Innenhöhe von gegen 11 Metern. Auf die Aufgabe dieses Hochateliers kommen wir im Zusammenhang mit der unten dargestellten Holzskulptur nochmals zurück.

Als dann am 31. Dezember 1922 das Goetheanum abbrannte, wurde am 1. Januar in einer Blitzaktion zwischen den Maschinen und Lagern ein freier Raum geschaffen, sodass die Weihnachtstagung, die gerade im Gange war, pünktlich am Nachmittag um 17 Uhr mit dem Oberuferer Paradeis-Spiel weitergehen konnte. Bis zur Einweihung des zweiten Baues fanden alle Veranstaltun-

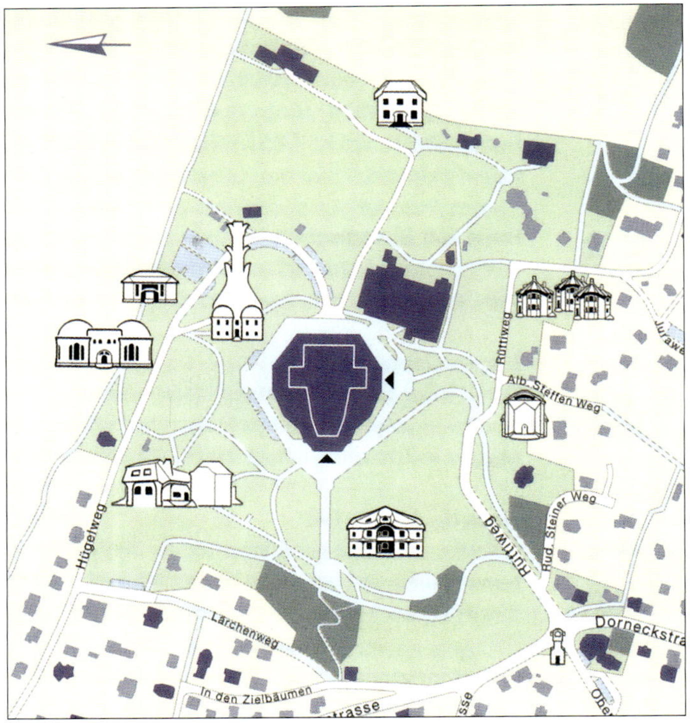

gen hier statt. Ganz besonders denkwürdig ist dabei die Weihnachtstagung 1923/24, an der die Anthroposophische Gesellschaft neu begründet wurde. Das geschah im Schreinereisaal, der in den Tagen zuvor durch den Anbau nach Norden erweitert worden war; gleichzeitig wurden die Zwischenwände zu den südlichen Räumen herausgenommen, um die rund 800 Teilnehmer aufnehmen zu können.

Im Atelier waren in diesen Jahren die bedeutenden plastischen Werke von Rudolf Steiner entstanden, im Hochatelier daneben arbeitete vor allem Edith Maryon, die englische Bildhauerin, die Rudolf Steiner bei den plastischen Arbeiten assistierte. Ab Oktober 1924 wurde das Atelier zum Krankenzimmer von Rudolf Steiner. Hier verbrachte er seine letzten sechs Lebensmonate, hier starb er am 30. März 1925. Die heutige Ausstattung des Ateliers erinnert an den Begründer der Anthroposophie, an den Architekten, den Künstler, den Wissenschafter, an den grossen Eingeweihten des 20. Jahrhunderts.

Es gehört zu den Paradoxien der Geschichte, dass Provisorien oft länger als alles andere halten. Und trotzdem: der ganze Schreinereikomplex war schon seit Jahren baufällig. In den 1980er Jahren fiel der Entscheid, drei Teile des Komplexes so auszubauen und zu sanieren, dass sie für die Zukunft bleiben, nämlich der Schreinereisaal, das Atelier Rudolf Steiners und das Hochatelier. Das bedeutete, dass zuerst einmal überhaupt ordentliche Fundamente unter die Holzkonstruktionen gebaut werden mussten. Insbesondere beim Hochatelier, das ursprünglich in der gleichen einfachen Art der Barackenbauten errichtet war, stellte sich die Frage, wie der Schreinereikomplex ausgestaltet werden soll. Man entschied sich für einen Entwurf von Christian Hitsch, der dem Hochatelier eine solche Form und Farbe gab, dass es sich unter die Umgebungsbauten, insbesondere das Goetheanum und das nahe Haus de Jaager, einfügt. Etwas Besonderes lag in diesem Hochatelier ja schon darin, dass 1924 aus den Trümmern des ersten Baues die Westtüre und die beiden daneben liegenden Fenster eingebaut worden waren und so ein lebendiges Erinnerungsstück an den ersten Bau bildeten.

Und noch ein Hinweis auf den Brand: Am Birnbaum, der zwischen Schreinerei und Goetheanum steht und mit seiner Bank rund herum zum Verweilen einlädt, sieht man, wie gross der Baum an Silvester 1922 war; nämlich so gross, wie die vernarbten tiefen Brandwunden gegen die Goetheanum-Seite hinaufreichen.

Glashaus und Heizhaus

Wenden wir den Blick nach Norden. Da stehen die beiden ersten Bauten, die – abgesehen vom Schreinerei-Provisorium – auf dem Gelände entstanden sind: 1914 das Glashaus, 1915 das Heizhaus. Das Glashaus wurde ebenfalls als Werkstattbau errichtet, einerseits für das Baubüro, andererseits für das Atelier, in dem die Gläser für den Saal des ersten Baues geschliffen werden sollten. Daher der Name «Glashaus». Die Fenster des Ateliers erhielten die gleiche Form und Grösse wie die des Goetheanums.

Die Holzkonstruktion des Glashauses, die beiden Kuppeln und der für das Dach verwendete norwegische Schiefer geben einen kleinen Eindruck von der Art, wie das Erste Goetheanum gebaut war. Deutlich kann auch erlebt werden, wie das Gebäude wie alle anderen von Rudolf Steiner geplanten Bauten des Geländes eine Metamorphose des Goetheanums ist. Dadurch fügen sich die sogenannten «Nebenbauten» zu einem in sich stimmigen Ganzen organisch zusammen.

Heute ist das Glashaus Sitz der Naturwissenschaftlichen Sektion und der Sektion für Landwirtschaft. Die hohen Ateliers sind längst durch Zwischenböden in mehrere Stockwerke aufgeteilt, um mehr Arbeitsräume zu schaffen. Das Gebäude bedarf ganz dringend einer Restaurierung; sie ist für 2005/2006 vorgesehen.

Das Heizhaus ist 1915 als erster Betonbau auf dem Gelände errichtet worden. In ihm fand die Kohleheizung für das Goetheanum ihren Platz, die durch einen begehbaren Energiekanal mit dem Bau verbunden ist. Ausdrucksvoll ist der hohe Kamin, ein Bild der aufsteigenden Flammen – hier kann von expressionistischer Architektur gesprochen werden. Auch dieses Gebäude fügt sich in die Metamorphosenreihe der Bauten um das Goetheanum herum ein: die zwei Kuppeln, dem Goetheanum zugewendet, sind in den Dimensionen sehr reduziert und gleich gross, während der mittlere Teil, der beim Glashaus im Zwischenbereich der Terrasse zwischen den Kuppeln liegt, sich im Heizhaus mächtig aufbäumt und zum Kamin erhebt und der dahinter liegende Teil in einem schroffen Kubus die Tendenz des späteren zweiten Baues mit dem Bühnentrakt vorwegnimmt.

1990 konnte das Heizhaus total saniert werden, die grossen brüchig gewordenen Partien sind durch Spritzbeton ersetzt worden. Die alte Kohleheizung ist durch eine moderne Kombination von gasbetriebenem Blockheizkraftwerk mit einem Gasbrenner, der nach Bedarf auch auf Heizöl umgestellt werden kann, ersetzt worden. Das Blockheizkraftwerk produziert etwa 250 kW Wärme sowie 190 kW Elektrizität, die, soweit sie nicht im Goetheanum selber gebraucht wird, ins örtliche Stromnetz eingespeist wird. Nicht nur das Goetheanum wird heute vom Heizhaus aus mit Wärme versorgt, sondern auch die Schreinerei und weitere zwölf über das Gelände verteilte Gebäude, die miteinander durch ein ausgedehntes Wärmeleitungsnetz verbunden sind.

Haus Duldeck

Gehen wir in der historischen Reihenfolge weiter, so folgt als nächstes das 1915 gebaute Haus Duldeck im Westen des Goetheanums, das auf dem Gelände und in nächster Nähe des Baus «geduldete» Haus. Dr. Grosheintz, der Stifter eines grossen Teils des Landes für den Bau des Goetheanums, liess sich hier ein Privathaus bauen, zu dem Rudolf Steiner das Modell machte. Wie das Glashaus und das Heizhaus gehört es ganz zur Formensprache des Ersten Goetheanums mit den beiden mächtig angedeuteten Kuppeln. Auch hier ist wie beim Heizhaus nicht Holz, sondern Beton und Mauerwerk verwendet worden. Was auf den ersten Blick einen etwas schweren Eindruck macht, entpuppt sich als äusserst lebendig und dynamisch, wenn man sich in die Formensprache vertieft. Im Zusammenhang mit der Renovation des Gebäudes von 1996 wurde das Haus Duldeck als drittes Objekt auf dem Dornacher Hügel unter Denkmalschutz gestellt.

Heute befindet sich im Haus Duldeck die Rudolf Steiner Nachlassverwaltung, die im Rudolf Steiner Archiv den gesamten literarischen und künstlerischen Nachlass von Rudolf Steiner betreut und auch die Gesamtausgabe herausgibt. Der grösste Teil des Archivgutes ist in einem grossen, 2002 gebauten unterirdischen Keller unter der Wiese gegen das Goetheanum zu untergebracht.

Das Eurythmeum – «Rudolf Steiner Halde»

Die «Rudolf Steiner Halde», hier in Dornach nur gerade «Halde» genannt, nordwestlich des Goetheanums, ist ein aus drei Bauperioden zusammengefügter Komplex. Im Altbau, dem sogenannten «Haus Brodbeck», fing die Geschichte der anthroposophischen Aktivitäten auf dem Dornacher Hügel überhaupt an. Etwa 1905 gebaut, damals eines von ganz wenigen Häusern zwischen den beiden Dorfkernen von Arlesheim und Oberdornach, wurde es der Ferien- und Wochenendsitz der Familie Grosheintz aus Basel und bildete den Ausgangspunkt von Dr. Grosheintz für das Angebot an Rudolf Steiner, das Gelände für das Goetheanum zur Verfügung zu stellen. Hier hielt sich dann Rudolf Steiner im Oktober 1912 und Frühling 1913 auf, um die Gegend zu erkunden und zu prüfen, ob es der richtige Ort sei. Seither war das Haus Brodbeck Ort ungezählter Aktivitäten. 1923/24 liess sich Rudolf Steiner im oberen Stockwerk eigene Arbeits- und Wohnräume einrichten – es kam wegen seiner Krankheit nicht mehr dazu, dass er hier einzog. Marie Steiner lebte dann während fast 20 Jahren hier, und hier begann die Herausgabe der Werke Rudolf Steiners, die Arbeit der Nachlassverwaltung.

Dann kam 1924 das Eurythmeum, der grosse Anbau gegen Norden, nach einem Modell von Rudolf Steiner dazu, ein Bau, der für die Künste, in erster Linie für die Eurythmie und das Schauspiel, gebaut wurde. Im Erdgeschoss befindet sich ein grosser Übsaal, wo Marie Steiner mit den Schauspielern und Eurythmisten die grossen Inszenierungen der 20er und 30er Jahre einstudierte. Darüber das «Atelier», wo zunächst die Malerin Mieta Waller-Pyle arbeitete. Während alle von Rudolf Steiner geplanten Bauten symmetrisch sind, weicht dieser Bau als einziger davon ab, da es sich um einen Anbau handelt. Genial hat Rudolf Steiner das Problem gelöst, wie etwas Neues völlig eigenständig und doch mit Bisherigem verbunden, dazugefügt werden kann.

1935 kam dann der von Albert von Baravalle im Büro von Ernst Aisenpreis ausgeführte weitere Anbau Richtung Osten dazu, der einen Saal enthält.

Nach dem Auszug der Rudolf Steiner Nachlassverwaltung ins Haus Duldeck konnte 2003–2004 die «Halde» einer dringend notwendigen Totalsanierung unterzogen werden. Im Anbau nach Osten befindet sich jetzt das Puppentheater Felicia; das Eurythmeum, der nördliche Anbau, ist nach wie vor der grosse Übsaal für Eurythmie und Schauspiel, und das Atelier darüber wird für Kurse und Tagungen benutzt, während im Haus Brodbeck die Sektion für Schöne Wissenschaften, die Sektion für Sozialwissenschaften und ein Teil der Goetheanum-Verwaltung untergebracht sind.

Haus de Jaager, Verlagshaus, Haus Schuurman, Eurythmiehäuser

Drei weitere Bauten stammen aus den letzten Schaffensjahren von Rudolf Steiner. 1921 entstand im Süden des Goetheanums das Haus de Jaager, ein Atelier- und Wohnbau, das die Witwe des belgischen Bildhauers Jacques de Jaager als Ausstellungs- und Gedenkraum für die Werke des Künstlers und als Wohnraum für sich bauen liess. Rudolf Steiner machte dazu das Modell, der junge Architekt Paul H. Bay setzte es um. Besonders interessant ist die Tatsache, wie sich hier zu einem Zeitpunkt, in dem das Erste Goetheanum noch stand, eine mehr ins Kantige, Eckige, Winklige gehende Formensprache herausbildete, die die Formensprache des zweiten Baues bereits vorwegnahm. Die Grundfigur des Doppelkuppelbaues ist hier so abgewandelt, dass der eine Teil sich als Atelierbau hoch aufrichtet, der andere Teil, die Wohnbereiche umfassend, sich darum herum auf drei Seiten angliedert. – Das Haus de Jaager ist heute noch ein Wohnhaus, in dem Nachkommen der Familie de Jaager leben.

Als nächstes in der Reihenfolge der Bauten von Rudolf Steiner folgte 1923 das sogenannte Verlagshaus zwischen Heizhaus und Glashaus, zu einem Zeitpunkt also, als das Erste Goetheanum bereits abgebrannt war und die Pläne für das zweite noch nicht bestanden. Das Verlagshaus wurde in Leichtbauweise innert kürzester Zeit als Lagerraum für die Bücher des Philosophisch-Anthroposophischen Verlages gebaut, der kurz vor Weihnachten 1923 aus Berlin nach Dornach umzog.

In ungeheurer Schlichtheit und doch spannungsreichen Raumbeziehungen steht das recht kleine Haus am Zugangsweg zum Goetheanum. Das Verlagshaus steht heute für die Kunstsammlung am Goetheanum als Lagerraum zur Verfügung.

Noch ein weiteres Haus von ähnlicher Schlichtheit und Einfachheit der Formen kam 1924 dazu, das Haus Schuurman am oberen Rand des Geländes. Ein holländisches Musiker-Künstler-Ehepaar liess es sich bauen; von Anfang an war aber klar, dass die Übräume, die da entstanden, über den eigenen Bedarf hinaus für künstlerische Aktivitäten zur Verfügung stehen. Heute befindet sich im Haus Schuurman die Schule für Sprachgestaltung und dramatische Kunst.

Auf Anregung von Rudolf Steiners Mitarbeiterin Edith Maryon entstanden 1920 die drei sogenannten «Eurythmiehäuser». Ihr Anliegen war, Mitarbeitern am Goetheanum, die sich unter grossen wirtschaftlichen Opfern mit minimalen Einkommen für den Aufbau der Arbeit einsetzten, günstigen Wohnraum zur Verfügung zu stellen. Ihre Entwürfe für diesen sozialen Wohnungsbau wurden von Rudolf Steiner korrigiert und ergänzt.

Als letztes sei noch die 1921 von Rudolf Steiner entworfene Trafostation beim Speisehaus unten erwähnt, die – wie schon das Heizhaus – eine Vorstellung davon gibt, wie er sich Zweckbauten vorstellte und wie er in deren Formen zum Ausdruck bringen wollte, was in diesen Gebäuden vor sich geht.

Es ist offensichtlich, dass Rudolf Steiner noch eine ganze Reihe von weiteren Bauten auf dem Gelände errichten wollte. Für die südöstliche Ecke war an eine Klinik gedacht worden. Dazu kam es nicht mehr. In den folgenden Jahren entstand einzig das Haus Pyle auf dem Goetheanum-Gelände, das aber immer in Privatbesitz blieb.

Im Goetheanum steht ein Geländemodell der näheren Umgebung mit allen Gebäuden. Die Bauten, die Rudolf Steiner selbst gestaltet hat, sind dabei in blauvioletter Farbe gekennzeichnet.

Die späteren Bauten auf dem Gelände: Labor, Studentenheim, Keplerwarte, Holzhaus

Erst in den 1960er Jahren kam es wieder zu Bauaktivitäten. Von Architekt Tschakalow wurde 1960 das Kristallisationslabor und etwas später die Kepler-Warte als Ort der Mathematisch-astronomischen Sektion gebaut. Das Observatorium mit einem hervorragenden Teleskop steht oft zu später Abendstunde für Besucher offen, und unter kundiger Führung können Phänomene des Sternenhimmels bewundert werden. Das Studentenheim mit Platz für rund 35 Studenten der verschiedenen Seminare in Dornach entstand 1969/70, von Architekt Fritz Müller aus Öhringen bei Stuttgart geplant.

Aus verschiedenen Gründen ist seither ausser einer von Rex Raab geplanten, weitgehend in der Erde versteckten Trafostation kein einziges neues Gebäude auf dem Gelände entstanden. Einerseits ist mit der Zonenplanung von 1992 ein beträchtlicher Teil des Geländes zu einer Freihaltezone erklärt worden, und andererseits war der finanzielle Aufwand für dringende, oft sogar zwingende Sanierungen und Renovationen derart gross, dass für Neubauprojekte zunächst gar keine Mittel gefunden werden konnten.

Die «Kolonie»

Von Anfang der Bautätigkeit am Goetheanum an, also bereits ab 1913, war es Rudolf Steiner ein Anliegen, dass auch die Wohnhäuser, die in der Folgezeit von Anthroposophen in der Umgebung des Goetheanums gebaut wurden, im Stil zu diesem Ganzen gehören und dabei die architektonischen Ideen des organischen Bauens umgesetzt werden. Mit dem Beispiel von Haus Duldeck und Haus de Jaager zeigte er selber, wie wandelbar die äusseren Formen solcher Bauten sein können und sie doch zu einem Ganzen zusammenstimmen. Seither ist durch alle Jahrzehnte hindurch vieles entstanden, was der «Kolonie» oder dem «Hügel», wie man im Dorf sagt, ein unverwechselbares Gepräge gibt. Generationen von Architekten haben, ausgehend von einem gründlichen Studium und einer Auseinandersetzung mit den Bauformen des Ersten und Zweiten Goetheanums, ihren eigenen Stil zu finden versucht.

Von den rund hundert Bauten, die so in Dornach und Arlesheim entstanden sind, wobei fast jedes Jahr noch weitere dazukommen, können hier nur einige wenige exemplarisch im Bild gezeigt werden.

Haus Julian, Baujahr 1987, Architekt Conrad Hoenes
Haus Siebeneck, Bj. 1915, Architekt unbekannt
Haus Achteck, Bj. 2000, Architekt Ulrich Oelssner
Haus Hofmann, Bj. 1956, Architekt Albert von Baravalle

Haus Rust, Bj. 1934, Architekt Erwin Drescher
Haus Jung, Bj. 1957, Architekt Alexander Tschakalow

Das Erste Goetheanum

Vorgeschichte

Die anthroposophische Arbeit hatte 1902 im Rahmen der damaligen Theosophischen Gesellschaft in Berlin begonnen, deren Generalsekretär Rudolf Steiner geworden war. Zunächst kleine Gruppen arbeiteten an vielen Themen. Diese Gruppen wurden grösser, in manchen Städten Deutschlands, Österreichs und der Schweiz entstanden weitere. Die europäischen Sektionen der Theosophischen Gesellschaft führten jährliche Kongresse durch. 1907 lud die deutsche Sektion unter der Leitung von Rudolf Steiner zu einem solchen Kongress nach München ein. Hier wurde nun zum ersten Mal sichtbar, dass es nicht nur um weltanschaulich-philosophische Fragen geht, sondern dass auch ein künstlerischer Impuls zur Gestaltung der Räume nach neuen Wegen suchte. Rudolf Steiner entwarf für den Kongresssaal Tafeln, die zum ersten Mal die Motive der später ausgestalteten Säulen mit ihren Kapitellen und grosse Bildtafeln mit gestalteten Siegeln zur Apokalypse zeigten. Auf dem Programmheft erschienen die Planetensiegel, der Raum war mit Stoff in einem kräftigen Rot drapiert, und die Büsten von Fichte, Schelling und Hegel standen auf der Bühne. Es ging aber nicht nur um bildende Künste. Eine Gruppe von Schauspielern brachte das Mysterienspiel «Das heilige Drama von Eleusis» des französischen Esoterikers und Dichters Edouard Schuré zur Aufführung.

Solange wir gezwungen sind, in solchen Sälen zusammenzukommen, deren Formen einer untergehenden Kultur angehören, muss unsere Arbeit mehr oder weniger doch das Schicksal dessen treffen, was dem Untergange geweiht ist. Die spirituelle Strömung wird erst die neue Kultur, die sie zu bringen berufen ist, heraufführen können, wenn es ihr vergönnt sein wird zu wirken bis hinein in das rein physische Gestalten, selbst der Mauern, die uns umgeben. Und anders wird spirituelles Leben wirken, wenn es hinausfliesst aus Räumen, deren Masse Geisteswissenschaften bestimmt, deren Formen aus Geisteswissenschaft erwachsen. Rudolf Steiner

Das alles war vielen Mitgliedern der Theosophischen Gesellschaft fremd und zusammen mit anderen inhaltlichen Unterschieden in der Auffassung der Beginn einer Trennung der anthroposophischen Bewegung von der Theosophischen Gesellschaft. Diese Ende 1912 erfolgte Trennung beruhte letztlich darauf, dass Rudolf Steiner einen europäisch-christlichen Weg gehen wollte, der sich deutlich vom östlichen Weg der Theosophie unterscheidet.

In München wurde in den folgenden Jahren die Durchführung von Sommerkongressen zu einer Tradition. 1910 gelangte dabei das erste Mysteriendrama, eine Dichtung von Rudolf Steiner, zur Uraufführung, die in gross angelegten Bildern die innere Dramatik der gegenseitigen Verflechtungen und Beziehungen eines Menschenkreises darstellt und dabei bis zu den Hintergründen führt, die in den Begegnungen und Schicksalsbeziehungen dieser Menschen untereinander in früheren Erdenleben liegen. In den folgenden Jahren bis zum Kriegsausbruch gelangten drei weitere Mysteriendramen von Rudolf Steiner zur Aufführung.

All dies geschah jeweils in gemieteten Theater- und Kongressräumen. Dabei entstand der Wunsch, ein eigenes Haus für die anthroposophische Arbeit zu errichten, in dem frei und über das ganze Jahr gearbeitet werden kann, zum anderen, um die künstlerische Arbeit und die Begegnungen in Räumen durchführen zu können, die auch in ihren äusseren Formen und Farben dem Geist der anthroposophischen Arbeit entsprechen.

Der Architekt Schmid-Curtius wurde beauftragt, Entwürfe auf einem Grundstück in München zu machen. Die Initiative dazu war aus dem Umkreis von Rudolf Steiner gekommen. Er selbst gab dazu die wesentlichen Vorgaben: es solle ein Doppelkuppelbau sein, dessen beide unterschiedlich grossen Zylinder sich in einem bestimmten Masse durchdringen. Doch der Entwurf stiess bei den Stadtbehörden, bei der nahen Kirche und bei den Nachbarn auf Widerstand. Die Verhandlungen zogen sich lange hin, es war ungewiss, ob etwas daraus werden könne. Rudolf Steiner, der den Ersten Weltkrieg kommen sah, drängte aber sehr darauf, den Bau zu realisieren.

Dr. Grosheintz aus Basel, ein Zahnarzt, der sich der Bewegung sehr verbunden fühlte, wusste von diesen Schwierigkeiten. Als Rudolf Steiner im Herbst 1912 zum Vortragszyklus über das Matthäus-Evangelium nach Basel kam, lud er ihn ins weiter oben erwähnte Haus Brodbeck ein. Rudolf Steiner fragte ihn, welche Absichten er mit diesem Land habe. Da stellte es Grosheintz für den Bau zur Verfügung. Im März 1913 kam Rudolf Steiner mit dem Architekten zusammen, durchmass in langen Spaziergängen das Gelände und die weitere Umgebung bis hin zur Eremitage in Arlesheim.

Mit diesem Hinweis auf die nahe Eremitage seien auch weitere Verbindungen in die nähere Umgebung angedeutet. Von der Eremitage und den umgebenden Gebieten wird ja erzählt, dass hier bereits in vorchristlicher Zeit heilige Plätze waren; später waren es Orte des Geschehens um Parzival herum. Der Hügel, auf dem das

Goetheanum steht, gehört zum Schlachtfeld der Schlacht von Dornach vom 22. Juli 1499, durch die sich die Schweiz definitiv aus dem Heiligen Römischen Reich Deutscher Nation herausgelöst hat. Der Hügel wird noch heute im Gebiet östlich des Goetheanums «Bluthügel» genannt, der Hügelweg hiess noch bis in die 1930er Jahre «Bluthügelweg». Das nahe Arlesheim ist der Ort, wo der Bischof von Basel seinen Sitz hatte, nachdem er im Verlaufe der Reformation aus der Stadt Basel vertrieben worden war. Und Basel selbst als alte Kulturstadt mit ihrer Offenheit für Zukunftsimpulse ist ganz in der Nähe.

Schmid-Curtius begann mit der Umarbeitung der für München vorgesehenen Baupläne. Das war nötig, weil in München der Bau zwischen andere grosse Gebäude zu stehen gekommen wäre, während er hier von allen Seiten frei sichtbar auf einem unbebauten Hügel zu stehen kommen sollte. Rudolf Steiner machte dazu in den folgenden Monaten Teile eines Aussenmodells mit der Terrasse und den Seitenflügeln im Massstab 1:20, die heute im Ausstellungsraum aufgestellt sind.

Der Entscheid, wirklich in Dornach zu bauen, fiel erst im Juni 1913. Und jetzt ging alles sehr rasch. Bereits am 20. September 1913 fand die Grundsteinlegung statt. Über den Winter wurde mit Hochdruck gearbeitet, bis zu 600 Bauarbeiter waren gleichzeitig auf der Baustelle, und bereits am 1. April 1914 konnte das Aufrichtefest gefeiert werden. Aus ganz Mitteleuropa waren Bauhandwerker, vor allem Zimmerleute gekommen, die Holzhändler sagen sogar, dass die Preise des Holzes wegen der grossen Mengen, die für das Goetheanum gebraucht wurden, gestiegen seien. Die Organisation der Baustelle mit so vielen Arbeitern war eine grosse Herausforderung. Zunächst wurde versucht, in zwei Schichten zu arbeiten, die damalige Birseckbahn fügte einen Früh- und einen Spätkurs nach Dornach in den Fahrplan ein. In einer Betriebsversammlung während der letzten Arbeitsstunde der Woche, also am Samstag um 17 Uhr, wurde aber von den Bauarbeitern die Forderung aufgestellt, den Schichtbetrieb wieder einzustellen.

Mit dem Ausbruch des Ersten Weltkrieges in den ersten Augusttagen 1914 wurde die Lage aber sehr viel schwieriger. Von den Künstlern, die in der Zwischenzeit für die grossen Schnitzarbeiten an den Kapitellen und Architraven gekommen waren, mussten viele abreisen, zum Teil, um nun gegeneinander in den verschiedenen Heeren Europas zu kämpfen. Die Arbeiten verlangsamten sich sehr, die finanziellen Mittel flossen nicht mehr in gleichem Masse. Und doch wurde inmitten des kriegerischen Europas von Menschen aus 16 Nationen ununterbrochen an diesem Werk friedlich miteinander gearbeitet, während vom Elsass her Kanonendonner dröhnte. Aber die Arbeiten zogen sich in die Länge. Gleichzeitig veränderte sich, besonders gegen das Ende des Krieges ab 1917, die geistige Lage Europas derart radikal, dass nachher nichts mehr im sozialen und politischen Gefüge so zu sein schien wie vorher. Die radikalen Veränderungen, die sich schon in den Jahren vor dem Krieg in der Kunst abgezeichnet hatten, kamen nun auch in anderen Lebensbereichen zur Erscheinung.

In dieser Situation konnte der Bau erst im Oktober 1920, immer noch nicht ganz vollendet, mit der Veranstaltung einer Hochschulwoche in Betrieb genommen werden.

Der Bau

In allen früheren Kulturen sind aus spirituellen Impulsen heraus Bauten für die Pflege des geistig-seelischen Lebens von Menschengemeinschaften entstanden. Eindrücklich stehen die ägyptischen Tempel und Pyramiden als Zeugen einer durch die okkulten Mysterienstätten geprägten und geführten Kultur vor uns. In Griechenland sind die Tempel der Ort, wo die Götter anwesend sind. In gotischen Kirchen lebt die betende Gemeinschaft, die sich zu Gott erhebt. Und heute?

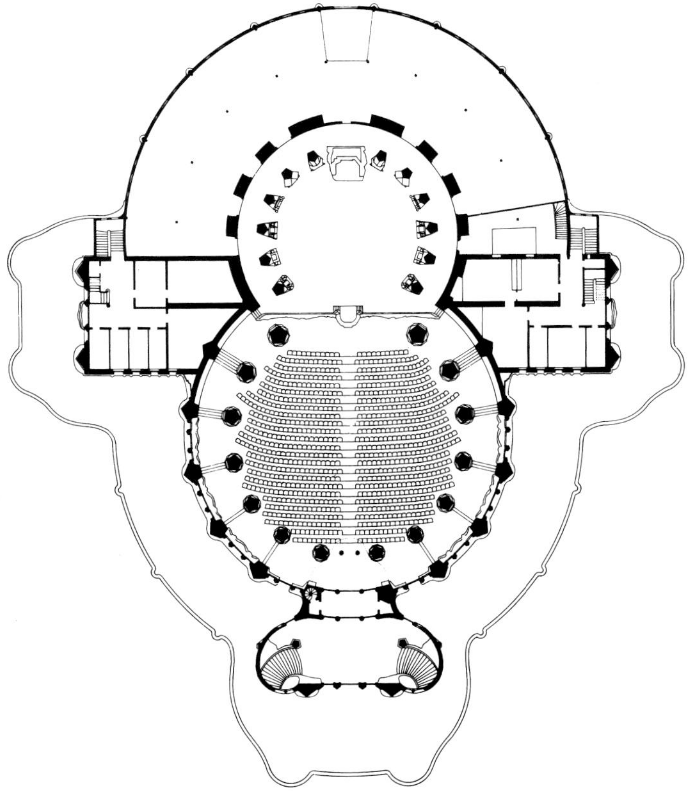

Die geistig-seelische Situation des modernen Menschen seit dem Beginn des 20. Jahrhunderts ist dadurch gekennzeichnet, dass sich der Mensch im Laufe der Jahrhunderte vollständig von der Führung durch irgendwelche höhere Wesen – sei es in einer menschlichen oder in einer göttlichen Hierarchie – emanzipiert hat, auf sich selbst steht und den Blick durch die Sinne und den Verstand nach aussen in die sinnlich wahrnehmbare Welt richtet. Damit ist er, insbesondere im 19. Jahrhundert, auch tief in einen Materialismus verfallen, so tief, dass er sich die Überzeugung einzureden versuchte, dass es eine jenseits der Sinneswelt liegende spirituelle Welt überhaupt nicht gebe. Mit dem Beginn des 20. Jahrhunderts taucht aber bei vielen Menschen ein nicht mehr unterdrückbares Bedürfnis auf, neue Wege zu geistigen Inhalten zu suchen. Anthroposophie ist einer der Wege, zu dieser höheren Welt zurückzufinden und der Frage nachzugehen, was der Einbezug der spirituellen Dimension für den einzelnen Menschen bedeutet und wie sich eine mögliche Wissenschaft des Geistigen in den praktischen

Lebensgebieten der Medizin, der Pädagogik, der Landwirtschaft, der Künste usw. auswirkt.

Architektur ist ein Ausdruck davon. Es entsprach einer ganz bestimmten Seelenhaltung, wenn frühe Rundbauten im Menschen die Empfindung des All-Göttlichen hervorrief, das im Umkreis, in der Natur, in Mensch und Tier, in Pflanze und Stein lebt. Wiederum entsprach es der Vorstellung eines Gottes, der im rein Geistigen lebt und zu dem man hinstrebt, wenn ein deutlich nach vorne und nach oben strebender Raum in der Form von Längsbauten der Kirchenarchitektur West- und Mitteleuropas vorlag.

Der Bau von 1913 bis 1920 steht im Strom der Entwicklung des zu Ende gehenden Jugendstils, der auf seine Art organische Elemente aufgenommen hat. Aber wie geht es weiter nach dem Jugendstil? Entwickelt sich eine Architektur, die das Lebendig-Organische weiterführt? Oder reduziert sich Architektur auf Funktionalismus und Geometrie im Sinne des späteren Bauhauses?

Mit dem Ersten Goetheanum schuf Rudolf Steiner den neuen Typus des Doppelkuppelbaues, wo sich Rundbau und Längsbau in einem labilen Gleichgewicht verbinden. Im Zuschauerraum erlebt sich der Mensch im Rundbau, solange der Vorhang geschlossen ist und er den Blick

nicht auf das Geschehen auf der Bühne richtet – im Längsbau, sobald die höhere Dimension dessen sich eröffnet, was von der Bühne her klingt, sich bewegt und gezeigt wird.

Aber bereits im Rundbau unter der grossen Kuppel macht sich die Ausrichtung nach vorne deutlich bemerkbar: rechts und links erheben sich in einer strengen Symmetrie je sieben mächtige Säulen, jede nächste etwas höher, weil der Saalboden nach vorne mit jeder Sitzreihe eine Stufe nach unten geht. Die Kapitelle und Sockel sowie der darüber liegende weit geschwungene Architrav sind Bilder der kosmischen Evolution, wie das auch im jetzigen Grossen Saal dargestellt ist. Im ersten Bau standen aber nicht Pfeiler, die wie aus der Wand herausgewachsen erscheinen, sondern frei stehende Säulen, deren Kapitelle und Sockel rundherum ausgestaltet waren. Für jede Säule und den darüber liegenden Architrav wurde ein anderes Holz verwendet: Weissbuche, Esche, Kirsche, Eiche, Ulme, Ahorn und Birke. Zwischen den Säulen leuchteten die farbigen Fenster, die, wie erwähnt, im Glashaus geschliffen worden waren.

Über allem wölbte sich die grosse Kuppel, die wie im jetzigen Grossen Saal mit Pflanzenfarben nach den Skizzen von Rudolf Steiner bemalt war. Der Saal hatte eine im Vergleich zum heutigen Saal noch viel stärkere Ausrichtung in die Höhe. Der Bogen über der Bühne war 18 m hoch (Bühnenmund heute 12 m), der höchste Punkt der Kuppel war 27,2 m über dem Boden (heute 20 m).

Öffnete sich nun der Vorhang, so war der Blick frei auf einen architektonisch durch und durch gestalteten Bühnenraum, von dem wir nicht recht wissen, wie ihn Rudolf Steiner dann in Verbindung mit Beleuchtung, Vorhängen, Dekorationen und Kulissen für das Theater genutzt hätte. Versuche mit Beleuchtungskörpern für Eurythmieaufführungen konnten aber vor dem Brand noch gemacht werden.

Zwölf gleich hohe Säulen, je sechs symmetrisch, mit einer etwas grösseren Nische in der Mitte, trugen die kleine Kuppel. Christus und der strebende Mensch im Bilde von «Faust» waren die Motive der Kuppelmalerei, die Rudolf Steiner selbst ausführte. Bei den Säulen waren die Sockel erweitert zu Thronen, wie zu mächtigen Sitzplätzen. Möglicherweise wäre der kleine Kuppelraum später auch für besondere Versammlungen genutzt worden.

Im Schnittpunkt der beiden Kreise, vor dem Bühnenvorhang, kam das versenkbare grosse Rednerpult zu stehen, eine plastische Gestaltung, die wie eine künstlerisch gestaltete Metamorphose eines Kehlkopfes ist. Das Rednerpult ist 1922 wie alles andere auch verbrannt, für das Zweite Goetheanum wurde es aber nachgebaut und bildet so den einzigen Teil im Grossen Saal, der ein Abbild aus dem ersten Bau ist.

Für die erwähnte Nische in der Mitte des Bühnenraumes war vorgesehen, eine mächtige, 9,5 m hohe Holzskulptur aufzustellen. Rudolf Steiner hatte daran bereits ab 1915 zusammen mit der englischen Künstlerin Edith Maryon gearbeitet. Da die Skulptur aber zum Zeitpunkt des Brandes noch nicht fertig war und noch drüben im Atelier in der Schreinerei stand, ist sie nicht verbrannt und steht heute im Ausstellungsraum. Davon mehr weiter unten.

Um den Saal mit Bühne herum gruppierten sich weitere Räume. Rund um die Bühne im Osten gab es Garderoben und Lagerräume für Kulissen, im Westen waren Eingangshalle, Garderobe und Betriebsräume, in den beiden Seitenflügeln je ein Saal. Berühmt geworden ist der Weisse Saal unter dem Dach im Südflügel, wo im Oktober 1922 die Begründung der Christengemeinschaft stattgefunden hatte und wo am Silvestertag 1922 der Brand zuerst bemerkt wurde.

Die Konstruktion der Doppelkuppel war eine doppelte: die beiden Innenkuppeln ruhten auf den Säulen des Saales und der Bühne, die beiden mit norwegischem Schiefer gedeckten Aussenkuppeln auf den Aussenwänden. Zwischen den Aussen- und den Innenkuppeln war ein Abstand von rund drei Metern. Die inneren und die äusseren Kuppeln waren statisch nicht miteinander verbunden, jede der Kuppeln war eine eigene Konstruktion. Es war ein spannender Moment, als die Baustützen unter den Kuppeln weggenommen wurden und sich zeigen sollte, wie sich die beiden Kuppeln zueinander verhalten: nach einer kurzen schwingenden Bewegung blieben sie in der vorberechneten Position.

In alten Landkarten liest man noch die Bezeichnung «Johannes-Bau», genannt nach einer der Hauptgestalten in den Mysteriendramen von Rudolf Steiner, Johannes Thomasius. Erst ab etwa 1918 setzte sich die Bezeichnung «Goetheanum» durch.

Wieso trägt das Gebäude den Namen Goethes? Was haben die Anthroposophen mit Goethe zu tun?
Rudolf Steiner war schon als junger Mann während seiner Studien der Naturwissenschaften – Physik, Chemie, Mathematik – sehr verbunden mit dem Werk Goethes. Bereits im Alter von 21 Jahren wurde er um Mitarbeit an der Weimarer Goethe-Ausgabe gebeten, wo er später die Herausgabe von Goethes Naturwissenschaftlichen Schriften betreute. In der Art, wie Goethe naturwissenschaftlich arbeitete, fand Rudolf Steiner einen Anknüpfungspunkt für seine Art des Denkens und des Erkennens. Aber auch die Dichtungen Goethes, der tief mit esoterischen Gesichtspunkten vertraut war und manches davon in diesen Dichtungen – zum Teil allerdings sehr verborgen – darstellte, waren Ausgangspunkt für Rudolf Steiners Erkenntnisbemühungen einer modernen Geisteswissenschaft. Deshalb und in Verehrung dieses grössten Genies der deutschen Geistesgeschichte wurde die Bezeichnung «Goetheanum» gewählt.

Damals stand der Bau weithin sichtbar auf dem Hügel, noch nicht inmitten vieler Gebäude wie heute. Es muss auf die Zeitgenossen einen ungeheuren Eindruck gemacht haben. In vielen Ländern wurde auch in Zeitungsberichten auf den aussergewöhnlichen Bau hingewiesen. Er machte zugleich sichtbar, dass es sich bei diesen doch etwas ungewöhnlichen Anthroposophen nicht um eine

kleine unbedeutende Gruppierung handeln konnte, wenn sie eine solche Bauaufgabe zu bewältigen imstande war. Damit setzte auch die bereits im Kapitel über die Geschichte des zweiten Baues erwähnte Feindseligkeit gegen die Anthroposophen und ihren Bau ein. Oft fand dies in geradezu verleumderischer Art Ausdruck. Insbesondere ein protestantischer Pfarrherr in Arlesheim tat sich hervor. In Deutschland gingen Anfeindungen und Anpöbelungen Rudolf Steiners weiter, und massive Störungen der Veranstaltungen führten zum Abbruch seiner öffentlichen Vortragstourneen. Er sprach ab diesem Zeitpunkt in Deutschland nur noch in Mitgliederkreisen, während in der Schweiz auch nachher noch öffentliche Vorträge möglich waren.

Es bleibt offen, ob dieses Klima der Anfeindungen oder andere Gründe dazu führten, was dann als Katastrophe folgte: die Brandstiftung am Silvestertage des Jahres 1922. Der Brand muss im Laufe des Nachmittags gelegt worden sein, und zwar als Mottbrand so geschickt zwischen den Wänden, dass er nicht bemerkt wurde und er sich langsam aber sicher ausbreiten konnte. Das Feuer brach aus, nachdem die Besucher nach dem Abendvortrag das Gebäude verlassen hatten. Bereits nach kurzer Zeit stand der Bau im Vollbrand, und um Mitternacht, als in den umliegenden Dörfern die Kirchenglocken das neue Jahr einläuteten, brach die grosse Kuppel zusammen, und in die Flammen mischten sich die grellen Farben, die vom Verbrennen der Metalle der Orgelpfeifen

ausgingen. Übrig blieb eine Ruine, die noch tagelang rauchte.

Das Ziel, die anthroposophische Bewegung in ihrem Grundnerv zu treffen und zu zerstören, ist nicht erreicht worden. Das Leben ging, wie im ersten Kapitel über die Geschichte geschildert, unmittelbar weiter. In der Biographie mancher Mitarbeiter am Bau, insbesondere aber auch für Rudolf Steiner, war dieser Moment der Zerstörung jahrelanger aufopfernder Bemühungen ein tiefer Einschnitt. Edith Maryon, die künstlerische Mitarbeiterin Rudolf Steiners, erkrankte schwer und erholte sich nicht mehr davon; Rudolf Steiners Gesundheit war ebenfalls angeschlagen, und seine Kräfte wurden zusätzlich geschwächt. Dazu kam, dass enorme finanzielle Mittel aus Spenden für den Bau verwendet worden waren. Auch für die Solothurnische Gebäudeversicherung trat ein Schadenfall ein, wie er bisher noch nie vorgekommen war, der sie in arge Bedrängnis brachte. Die Versicherungssumme von 1,5 Millionen Schweizer Franken bildete zwar einen Grundstock für den zweiten Bau; Rudolf Steiner hatte aber starke Vorbehalte gegen die Verwendung dieses Geldes, da es ja nicht – wie dies für einen Bau solcher Bestimmung geistig richtig wäre – aus Opferkräften von Spendern komme, sondern widerwillig durch gesetzliche Vorschriften von Versicherungsnehmern des ganzen Kantons zusammengetragen worden ist.

Der Bau als ein Urbild eines modernen Mysterienbaues ist tief in der Erinnerung der Menschen, die ihn erlebt haben, eingegraben geblieben. Solange sie lebten, wurde von vielen alles weitere an diesem Erinnerungsbild gemessen. Und die weiteren Generationen von Anthroposophen, insbesondere die Architekten, Bildhauer und Plastiker, haben sich immer wieder neu mit den Formen und Farben des Baues befasst. Wie im Abschnitt über den «Bau als Sprache der Anthroposophie» dargestellt, geht es dabei nicht nur um die künstlerische Seite des Baues, sondern um die innere Auseinandersetzung mit dem, was damals sichtbar war und was auf diesem Wege Anthroposophie von einer anderen als der begrifflichen Seite her repräsentierte.

Seit einigen Jahren besteht nun durch die Arbeit eines pensionierten Mitarbeiters des Goetheanums die einzigartige Möglichkeit, einen lebendigen Eindruck des Ersten Goetheanums zu gewinnen. Rudolf Feuerstack baut seit 1994 an einem genauen Modell des Baues im Massstabe 1:20, das sowohl die Aussenform als auch das Innere des Saales zeigt. Es steht auf Stützen, sodass man von unten den Kopf in den Raum des Saales strecken kann und so die Perspektive eines Zuschauers aus den mittleren Reihen hat. Das noch nicht fertig erstellte Modell kann in der Werkstatt von Rudolf Feuerstack in Metzerlen, etwa 20 Minuten Autofahrt von Dornach entfernt, besichtigt werden (telefonische Voranmeldung ist notwendig, Tel. 061 741 43 03).

Ein vom Architekten Baravalle erstelltes Aussenmodell im Massstab 1:100 steht im 5. Stock im Südtreppenhaus. Die kleine Form darf nicht darüber hinwegtäuschen, dass dieser Bau annähernd so gewaltige Ausmasse hatte wie der zweite: Höhe 34,3 m, Länge 82,5 m, Breite 74,3 m. An den Wänden hinter dem Modell sind in Kratzputz die Siegelzeichnungen zu den vier Mysteriendramen von Rudolf Steiner angebracht, den Dramen, für deren Aufführung der Bau bestimmt war.

Der Menschheitsrepräsentant

Das Schicksal wollte es offenbar, dass ein Teil des Gesamtkunstwerkes Goetheanum erhalten blieb, weil es zum Zeitpunkt des Brandes, wie bereits erwähnt, noch nicht vollendet war und darum noch im Atelier stand: die aus Holz geschnitzte Skulptur des «Menschheitsrepräsentanten». Besorgte Freunde hatten es in Teilen während der Brandnacht auf die Wiese hinter der Schreinerei getragen, da auch dieses Gebäude durch den Brand gefährdet war. Was nun? Es wurde ebenfalls schon erwähnt, dass im zweiten Bau die Bühne als eine technische Bühne eingerichtet werden sollte. Um das Prinzip der technischen Bühne verwirklichen zu können, wurde entgegen ursprünglicher Absichten ein eigener Ausstellungsraum für die Gruppe geschaffen, der ausser der Skulptur noch weitere Objekte aufnahm. Noch während der Bauzeit, im Sommer 1927, wurde die Skulptur auf einer Rampe von der Schreinerei durch eine ausgesparte Öffnung in den Bau transportiert und dort aufgestellt. Der Raum selber wurde erst 1935 nach Plänen von Mieta Pyle-Waller so gestaltet, wie er sich heute präsentiert. An den Wänden kam zum ersten Mal plastisch gestalteter Putz zur Anwendung, der, als Spritzbeton weiterentwickelt, 60 Jahre später von Künstlern im Grossen Saal verwendet werden sollte.

Bleibt die technische Bühne so, wie sie jetzt ist, oder wird daran gedacht, die architektonische Ausgestaltung der Bühne wie im Ersten Goetheanum wieder aufzugreifen?
Die Frage, ob die Skulptur nicht doch auf die Bühne gehört und dabei die Bühne im Ansatz eine architektonische Ausgestaltung erhalten sollte, wurde nie endgültig beantwortet. Insbesondere im Zusammenhang mit der Neugestaltung des Saales in den 1990er Jahren wurde intensiv darüber nachgedacht und debattiert. Zur Zeit ist das Thema nicht aktuell.

Was wird mit dieser Skulptur dargestellt? Auch hier gilt, dass nirgends symbolische Bedeutungen gesucht werden dürfen. Es geht vielmehr um den Versuch, einen Menschen darzustellen, der die höchsten Ziele der Menschheitsentwicklung repräsentiert. Rudolf Steiner hat die Hauptgestalt als den «Menschheitsrepräsentanten» bezeichnet. Öfters sprach er auch davon, wie dies zugleich eine Christus-Darstellung ist.

Die Komposition ist eine unmittelbare Fortsetzung und Abrundung dessen, was im Weg der neun Glasfenster geschildert worden ist. Dieser Weg führt hin zum Menschheitsrepräsentanten. Und so wie sich Christus nach der Taufe in der Wüste mit dem Teufel und dem Satan auseinandersetzen musste, so ist hier der Menschheitsrepräsentant in der Konfrontation mit Luzifer und Ahriman dargestellt. Luzifer als der Versucher möchte den Menschen von der Erde wegziehen, möchte aus ihm ein Wesen machen, das sich in die Wonne der Geisteswelt auflöst, das Nirwana sucht und sich nicht um die Nöte der Welt kümmert. Gleichzeitig ist er der Inspirator des selbständigen Denkens und der Kunst. Aber in ihm liegt die Gefahr der Überheblichkeit und des Abgesondertseins von den Zusammenhängen mit dem Mitmenschen und der umgebenden Welt. In der Holzskulptur ist Luzifer zweimal dargestellt, einmal links von Christus, auf gleicher Höhe, ein zweites Mal oben rechts aussen, im Moment, als er kopfüber nach unten stürzt und sich dabei mit seinen Händen an den grossen Flügelohren oder Ohrenflügeln festzuhalten versucht. Luzifer selbst stürzt sich angesichts der spirituellen Übermacht des Christus in die Tiefe.

Die zweite Figur, Ahriman, ist ebenfalls zweimal dargestellt, einmal links auf der Höhe der rechten Hand der grossen Menschenfigur, das andere Mal in den Tiefen des Erdinnern, in die er sich selbst hineinverbannt hat. Welche Kräfte wirken durch Ahriman? Sie führen den Menschen in eine Verbindung mit der materiellen Welt, die er braucht, um sich überhaupt in einen irdischen Leib inkarnieren zu können. Aber Ahriman möchte den Menschen dazu inspirieren, sich so tief in die Materie hinein zu inkarnieren, dass er den eigenen göttlich-geistigen Ursprung vergisst und ganz in der materiellen Welt, im Materialismus aufgeht. So stellt sich die Frage, wie der Mensch das Gleichgewicht zwischen diesen Kräften finden kann. Es geht weder darum, in schöngeistig-hohen Gefilden zu verbleiben und so die nur durch das Irdische mögliche Entwicklung zum Individuell-Persönlichen zu verpassen, noch um eine totale Vereinnahmung durch das Materielle, und so die Geistigkeit zu verlieren.

Zur Auseinandersetzung mit diesen Möglichkeiten des Abweichens von einem gesunden Entwicklungspfad regt die Komposition an, nachdem der Betrachter den Weg durch die Bilder der neun Glasfenster gegangen ist. Dabei ist noch eine Gestalt, die ganz oben mit geflügeltem Kopf dem Geschehen wie ein Wesen aus ausserirdischen Sphären mit einer gewissen inneren Distanz, mit einem Lächeln auf den Lippen zuschaut. Diese Gestalt wird häufig auch als Weltenhumor bezeichnet.

Was «bedeutet» die besondere Stellung der Finger der grossen Figur? Wieso diese ungewöhnliche Haltung? Zunächst sei nochmals darauf hingewiesen, dass es nirgends um symbolische Bedeutungen geht. In allen Einzelheiten haben Rudolf Steiner und Edith Maryon versucht, mit rein künstlerischen Mitteln darzustellen. In der leichten Krümmung der Finger kann man spüren, dass sich die Hand nicht zur Faust zusammenballt und auch nicht in gestreckter Geste nach aussen zeigt. Die Hände sind dadurch weder verkrampft noch ausströmend, sondern gehalten. Die Gliederung der Finger nach den drei Teilen: Daumen, Zeige- und Mittelfinger, Ring- und kleiner Finger kann in der Kunst in vielen Darstellungen gefunden werden.

Die Komposition des Menschheitsrepräsentanten ist im Wesentlichen in der Zusammenarbeit von Edith Maryon (1872–1924) und Rudolf Steiner entstanden. Eindrücklich zeugen die in den Vitrinen gezeigten Modelle vom künstlerischen Prozess. Das erste, zweite, vierte und fünfte Modell sind da ausgestellt, das sechste, in weissem Gips ausgeführt, zwei Meter hoch, steht in der Ecke des Raumes. Aber dann folgte noch ein siebtes Modell im Massstab 1:1, das im eigens dafür gebauten sogenannten Hochatelier aus Holz, Gips, Plastilin und Mörtel in den Jahren 1916/17 hergestellt wurde. Es war nie daran gedacht worden, dieses Modell zu erhalten. Rudolf Steiner gab die Anweisung, die dem fertiggestellten Original entsprechenden Teile zu zerstören. So geschah es mit der Hauptfigur und dem Ahriman in der Erdhöhle. Als er dann aber im daneben liegenden Atelier auf dem Krankenlager war und erst recht nach seinem Tode wagte es niemand, die noch vorhandenen Reste des 1:1-Modells zu zerstören. Mit der Erhaltung des Schreinereiprovisoriums kam es, dass dieses Modell, das nie für die Nachwelt bestimmt war, teilweise noch existiert. In den 1960er Jahren wurde eine umfassende Restaurierung des brüchigen Materials vorgenommen, 1993 folgte die Sanierung des Gebäudes, indem es eine Hülle um die bestehenden Wände und ein zweites Dach über dem ursprünglichen erhielt.

Für die plastischen Künstler ist von ungeheurem Wert, die Formen, die hier in vielen Teilen noch differenzierter ausgearbeitet sind als im unvollendeten «Original», studieren zu können. Nachdem das Modell jahrzehntelang unter Verschluss gehalten worden war und selbst langjährig am Goetheanum tätige Mitarbeiter nichts von dessen Existenz wussten, ist der Raum heute ein Studienraum für bildende Künstler. Der Modellraum kann nach Verabredung besichtigt werden.

Die Modelle

Weitere wichtige Modelle sind im Ausstellungsraum präsentiert. So auch das im Januar 1914 von Rudolf Steiner fertiggestellte Innenmodell des Ersten Goetheanums, nach dem die Ausführung erfolgte. In den Kuppeln sind dabei noch keine Entwürfe der malerischen Motive angebracht, die angedeuteten Farbströme lassen aber bereits erkennen, welche Farbdynamik zu diesem Zeitpunkt vorgesehen war. Zu diesem Modell gehören dann im Weiteren die Aussenmodelle. Wie die einzelnen Teile ursprünglich zusammengesetzt waren, ist auf der Fotografie aus der Entstehungszeit zu sehen. Einen Eindruck vom Innern der Kuppeln erhält man auch durch das in den 30er Jahren hergestellte Nachbild der Kuppelmalereien aus der Hand von Hilde Boos-Hamburger, die selber als Malerin an den Arbeiten beteiligt war.

Ferner ist eine Kopie des Aussenmodells des Zweiten Goetheanums von Rudolf Steiner zu sehen, wie es im März 1924 entstanden ist und die Grundlage bildete für die Ausarbeitung des Bauantrags. Diese Kopie ist zu einem Zeitpunkt erstellt worden, als das Modell bereits etwas zusammengesunken, aber doch noch weitgehend in der Originalform war. Eindrücklich ist sichtbar, wie Rudolf Steiner sich damit begnügt hat, nur auf der Nordseite bis ins Detail der dann ausgeführten Formen zu gehen, während auf der Südseite vieles nur Andeutung bleibt. Die Terrasse fehlt im Modell, da Rudolf Steiner zum Zeitpunkt der Erstellung des Modells noch davon ausgegangen war, dass die Terrasse des ersten Baues erhalten bleiben würde. Für die neue Terrasse hat er nie ein

Modell gemacht, seine Anregungen dafür bestehen nur auf einigen Skizzenblättern.

Als Letztes seien im Ausstellungsraum noch die beiden Glasfenster erwähnt, die zeigen, in welchem Stil und welcher Technik die Gläser bearbeitet worden sind. Das Bruchstück der grünen Scheibe in der Technik der heutigen Fenster ist bereits im Zusammenhang mit dem Saal erwähnt worden. Dazu kommt noch ein grosses Bruchstück einer Scheibe aus dem ersten Bau, die offenbar nach Herstellung während der Bauzeit zersprungen war; sie zeigt, wie damals geschliffen wurde. Die zerborstene Scheibe war völlig in Vergessenheit geraten und erst vor etwa 25 Jahren wieder hinter einem Schrank in der Schreinerei gefunden worden. Erstaunlich ist auch, dass im Jahre 2001 beim Aufräumen auf dem Dachboden eines älteren Hauses in der Bodenseegegend ein weiteres Bruchstück derselben Scheibe gefunden und als solches identifiziert wurde.

Was hier im Ausstellungsraum gezeigt werden kann, ist nur ein kleiner Teil der Kunstsammlung am Goetheanum, die einerseits Modelle, Zeichnungen und Aquarelle von Rudolf Steiner umfasst, dann aber auch Arbeiten bildender Künstler aus dem Umkreis von Rudolf Steiner und späteren Jahrzehnten anthroposophisch inspirierter Kunst.

Es wäre genug Material vorhanden, mehrere Museumshallen mit bedeutenden und interessanten Werken zu füllen. Es bestehen Ideen, aber noch keine konkreten Pläne, im Bereich der Schreinerei Ausstellungsräume zu schaffen.

Dokumentation am Goetheanum: Kunstsammlung, Archiv und Bibliothek

Im Goetheanum steht, zugänglich über den Eingang im Osten des Gebäudes, eine grosse öffentliche anthroposophische Bibliothek zur Verfügung, die mit über 100 000 Titeln wohl alle Publikationen umfasst, die im letzten Jahrhundert im Zusammenhang mit Anthroposophie erschienen sind. Daran gliedert sich das Archiv am Goetheanum, die Kunstsammlung am Goetheanum und das Planarchiv der Bauadministration an, wo gegen vier Millionen Dokumente, viele Kunstwerke und über 8000 Architekturpläne – darin eingeschlossen auch die Pläne des Ersten Goetheanums – gesammelt, gesichtet und geordnet sind und so noch viele Möglichkeiten zukünftiger Erforschung in sich bergen. Kunstsammlung, Archiv und Bibliothek sind heute in der Abteilung «Dokumentation am Goetheanum» zusammengefasst.

Ein zweiter Archivbereich, das Rudolf Steiner Archiv, befindet sich, wie bereits erwähnt, im Haus Duldeck und wird von der Rudolf Steiner Nachlassverwaltung geführt. Es enthält den Nachlass von Rudolf Steiner mit allen seinen Notizbüchern, den Stenogrammen seiner Vorträge mit den Wandtafelzeichnungen sowie unzählige Briefe. Aus der Arbeit in diesem Archiv ist die Rudolf Steiner Gesamtausgabe hervorgegangen, die zur Zeit etwa 350 Bände umfasst.

Wer war Rudolf Steiner?
Rudolf Steiner, am 27. Februar 1861 im österreichisch-kroatisch-ungarischen Grenzbereich in Kraljevec geboren, studierte in Wien Naturwissenschaften (Mathematik, Physik, Chemie) und gab in Weimar die Naturwissenschaftlichen Schriften Goethes heraus. Die Erkenntnismethode Goethes, die diesen zur Entdeckung der Ur-Pflanze und zu seiner Metamorphosenlehre führte, entwickelte er dabei weiter bis zur Erforschung der seelischen und geistigen Welten. Daran anknüpfend wurde der spätere Bau in Dornach «Goetheanum» genannt. In Schriften und Vorträgen stellte er die Ergebnisse seiner Forschung dar.
Rudolf Steiners anthroposophisches Wirken begann 1902 in Berlin. In einer ersten Phase der Entwicklung, zunächst innerhalb der damaligen Theosophischen Gesellschaft, arbeitete er in philosophisch-weltanschaulicher Richtung, in einer zweiten ab 1907 wandten er und seine Mitarbeiter sich intensiv den Künsten zu. Aus den Festspielen mit den Aufführungen der Mysteriendramen von Rudolf Steiner in München entstand der Impuls zum eigenen Bau für die Anthroposophie, dem Goetheanum. In einer dritten Phase seines Wirkens kamen praktische Anwendungen der Anthroposophie in vielen Lebensgebieten dazu: Medizin und Pharmazie, Pädagogik und Heilpädagogik, Landwirtschaft, soziale Fragen, Künste und vieles mehr. 1923 wurden die damals bestehenden Aktivitäten als Anthroposophische Gesellschaft neu begründet und zusammengefasst.
Rudolf Steiner starb am 30. März 1925 in Dornach.

Allgemeine Hinweise, Adressen

Stand: Sommer 2005, Änderungen vorbehalten

Allgemeine Anthroposophische Gesellschaft
Postfach
CH-4143 Dornach 1
Tel. +41 (0)61 706 42 42
Fax +41 (0)61 706 43 14
sekretariat@goetheanum.ch
www.goetheanum.org.

Billetkasse und Tagungsinformation
Tel. +41 (0)61 706 44 44
Fax +41 (0)61 706 44 46

Information und Kiosk beim Haupteingang, täglich geöffnet 8.30–18 Uhr, bei Tagungen verlängerte Öffnungszeiten. Hier beginnen auch täglich um 14 Uhr die Führungen durch das Gebäude (grössere Gruppen, auch für Führungen in anderen Sprachen, bitte im Voraus anmelden)
Tel. +41 (0)61 706 42 69
Fax +41 (0)61 706 42 33

Literaturhinweise

Rudolf Steiner:
Die Philosophie der Freiheit – Grundzüge einer modernen Weltanschauung
Theosophie – Einführung in übersinnliche Welterkenntnis und Menschenbestimmung
Geheimwissenschaft im Umriss
Die Kernpunkte der sozialen Frage
Kunst und Anthroposophie. Der Goetheanum-Impuls. GA 77b. Dornach 1996

Weitere Bücher und Vorträge siehe Katalog des Rudolf Steiner Verlags

Walter Kugler: Rudolf Steiner und die Anthroposophie
Hagen Biesantz/Arne Klingborg: Das Goetheanum
Carl Kemper: Der Bau
Erich Zimmer: Rudolf Steiner als Architekt
Rex Raab: Sprechender Beton
Walther Roggenkamp: Das Goetheanum als Gesamtkunstwerk
Hans Hasler/Jürg Buess: Der Grosse Saal im Goetheanum 1996–1998
Georg Hartmann: Goetheanum-Glasfenster
Fant/Klingborg/Wilkes: Die Holzplastik Rudolf Steiners
Thorwald Thiersch: Goetheanum – Die Deckenmalerei im Grossen Saal
Pieter van der Ree: Organische Architektur – Der Bauimpuls Rudolf Steiners und die organische Architektur im 20. Jahrhundert

Bildnachweis

4 Goetheanum – Oberdornach – Ruine Dorneck – Gempenfluh. Foto Jürg Buess
6 Goetheanum von Nordosten – Luftaufnahme Thomas Spalinger
8 Goetheanum von Westen. Foto Archiv am Goetheanum
9 Ausblick vom Südtreppenhaus nach Westen, Haus Duldeck im Vordergrund. Foto Hans Ruedi und Priska Clerc
10 Goetheanum von Südosten mit Eurythmiehäuser im Vordergrund. Foto Alfred Wittkopf
12 Goetheanum von Südwesten. Foto Jürg Buess
15 Goetheanum – Zeichnungen Yuji Agematsu. Oben: Westansicht. Unten: Ostansicht.
16 Goetheanum, Südansicht – Zeichnung Yuji Agematsu. Unten: Schema von Peter Wolf
17 Grundriss Saalgeschoss mit Terrasse. Zeichnung Baubüro am Goetheanum
18 Modell für das Zweite Goetheanum im Massstab 1:100 von Rudolf Steiner. Foto Otto Rietmann, Mitte März 1924
19 Grundmotiv für das Zweite Goetheanum. Wandtafelzeichnung von Rudolf Steiner, Vortrag vom 1. Januar 1924
20 Zweites Goetheanum im Bau. Foto Otto Rietmann, 8.4.1926
21 Links: Zweites Goetheam im Bau. Foto Otto Rietmann, 24.7.1927
Rechts: Blick von Südwesten. Foto Otto Rietmann, 7.3.1927
22 Zweites Goetheanum im Bau. Foto Otto Rietmann, 10.4.1926
23 Westtreppenhaus. Foto Marius Winterstein
24 Westportal zur Terrasse. Foto Jürg Buess
25 Grundriss Saalgeschoss. Zeichnung Baubüro am Goetheanum
26 Der Grosse Saal 1957-1996. Foto Luc Boegly
27 Nordwand. Foto Jürg Buess
28 Bühne. Foto Christiaan Stuten
29 Die Pfeiler, Kapitelle und der Architrav im Süden. Foto Jürg Buess
30-33 Bauaufnahmen 1997. Fotos Jürg Buess
34 Sockel. Foto Jürg Buess
35 Arbeit an der Deckenmalerei Herbst 1997. Foto Jürg Buess
36-39 Die Deckenmalerei. Fotos Tobias Hitsch
37 Motive der Deckenmalerei. Zeichnung Dino Wendtland
40 Entwurf Rudolf Steiners zum Mittelmotiv des Roten Fensters
41 Grundriss Saalgeschoss mit Anordnung der Glasfenster
42-47 Die farbigen Glasfenster. Fotos Hans Gross
46 Farbige Schatten im Grossen Saal. Fotos Thorwald Thiersch
49 Die Orgel. Foto Jürg Buess
50 Eurythmie. Foto Dietmar Strauss
51 Eurythmie. Foto Charlotte Fischer
52 Mephisto aus Goethes «Faust» und Schillers «Die Braut von Messina». Fotos Christiaan Stuten
53 Mysteriendrama. Foto Hans Ruedi und Priska Clerc
55 Grundsteinsaal. Foto Jürg Buess
56 Südtreppenhaus. Foto Christiaan Stuten
58 Grundriss der Kellerräume im Norden
61 Betonschäden. Foto Jürg Buess
62 Felsli. Foto Jürg Buess
63 Gedenkhain. Foto Jürg Buess
64 Gärtnerei – Haus Schuurman. Foto Henning Schulze-Schilddorf
66 Situationsplan. Zeichnung Andreas Sauer
67 Glashaus. Foto Hans Ruedi und Priska Clerc
68 Heizhaus. Foto Andreas Sauer
69 Haus Duldeck. Foto Thomas Spalinger
71 Haus de Jaager. Foto Hans Ruedi und Priska Clerc
72 Haus Schuurman. Foto Hans Ruedi und Priska Clerc
73 Eurythmiehaus und Goetheanum von Süden. Foto Marius Winterstein
74 Haus Julian. Foto Thomas Dix
Haus Achteck und Haus Siebeneck. Foto Jürg Buess
Haus Hofmann, heute Haus der Medizinischen Sektion. Foto Jürg Buess
75 Haus Rust. Foto Jürg Buess
Haus Jung. Foto Henning Schulze-Schilddorf.
76 Erstes Goetheanum von Süden. Foto Atelier Heydebrand-Osthoff
78 Erstes Goetheanum – Aufrichtefeier. Foto Otto Rietmann, 1.4.1914
79 Erstes Goetheanum – Nordterrasse. Foto Otto Rietmann, Mai 1921
80 Erstes Goetheanum – Grundriss Saalgeschoss. Zeichnung Baubüro am Goetheanum
81 Erstes Goetheanum, Blick in den Südteil der Wandelhalle im Rohbau. Foto Otto Rietmann, 9.4.1915
82 Blick in den Betonunterbau der kleinen Kuppel. Foto Otto Rietmann, 8.4.1915
83 Die Bühnenöffnung zwischen dem grossen und dem kleinen Kuppelraum. Foto Atelier Heydebrand-Osthoff
84 Rudolf Steiner mit dem Modell des Ersten Goetheanums. Foto Otto Rietmann, 16.6.1914
85 Erstes Goetheanum – Blick von Norden mit Heizhaus und Glashaus. Foto Otto Rietmann, 4.1.1919
86 Blick vom Zuschauerraum auf die Orgel. Foto Atelier Heydebrand-Osthoff
88 Holzstatue «Der Menschheitsrepräsentant» von Rudolf Steiner und Edith Maryon, Ulmenholz, Höhe 9,5 m. Foto Emil Gmelin
90 Studie von Rudolf Steiner zum Christus-Kopf. Foto Hans Ruedi und Priska Clerc
92 Modell von den beiden Kuppelräumen des Ersten Goetheanums. Foto Hans Gross
93 Rudolf Steiner auf dem Baugelände, 1913. Foto Magdalena Becker
94 Rudolf Steiner, 1918. Foto Otto Rietmann
Titelbild: Foto Verlag am Goetheanum